출애굽

그 장엄한 행진

출애굽기 연구서

유행열

출애굽

그 장엄한 행진

출애굽기 연구서

유행열

한들출판사

■■■머리글

앞서 몇 권의 책을 발간하고 다시 출애굽기를 내놓을 수 있게 하신 하나님께 감사드린다. 평소 출애굽기를 한 번 다루고 싶었는데 이 생각이 이루어져 두루 감사할 뿐이다.

출애굽기는 이스라엘의 역사의 시작을 생생하게 보여 준다.

우리는 히브리인들이 애굽에서 치욕스런 삶을 청산하며 마침내 끈질긴 바로의 의지를 꺾고 그 군대가 수장되는 통쾌한 장면을 잊을 수 없다. 이 위대한 하나님의 구원사를 출애굽기를 통해 극적으로 바라 볼 수 있다. 출애굽의 사건은 과연 구약 신앙의 정점에 해당한다고 생각하면서도 이를 제대로 연구했는지에 자신이 없다. 앞으로 이를 발판으로 삼아 더욱 발전된 연구가 이루어지기를 소망할 뿐이다.

그간 어려운 출판 여건 가운데서도 책을 내어주신 한들출판사의 정덕주 사장님께 감사를 드리며 매번 좋은 표지와 장정으로 꾸며주시는 임규열님께 특히 감사를 드리는 바이다.

2010년 3월 20일　유행열 識

차례

출애굽기에 들어가면서

출애굽기는 구약성서의 두 번째 책으로 히브리 민족의 탄생을 다루고 있다. 애굽 치하에서 종살이를 하던 힘없는 백성들이 하나님께 호소하고 하나님의 인도하심을 받는다. 그들이 온갖 투쟁을 겪으면서 마침내 탈출하여 해방을 맞이하여 자유민이 되며 약속의 땅으로 들어가는 일련의 과정을 그려주고 있다. 이는 하나님의 구원사적인 큰 틀의 주된 줄기로서 큰 의미가 있다.

출애굽기라는 책 이름은 헬라 말에서 유래한 것으로 그 어원을 살펴보면 exodos (ex: out+hodos: way) 곧 밖의 길로 끌어냄을 의미하는 말이다. 물론 책의 이름은 후대적 산물이지만 주된 내용을 잘 반영하고 있다. 그들이 어떻게 애굽에서 노예 같은 삶을 살았으며 마침내 구원을 받는가를 생각하여 이름으로 삼는다. 그 역사적 배경을 살펴보면 애굽의 신왕조인 람세스 II세(대략 기원전 1290-1224)의 통치기에 출애굽이 일어났다고 본다. 람세스 왕은 애굽의 왕 중에 중요한 시대를 구가하는 왕으로서 나일 강 주변 삼각주에 궁전을 짓는다. 출애굽기 1장의 비돔과 라암셋이 이에 해당한다고 볼 수 있다. 힉소스 시대를 비롯해서 그간에 이주해온 이방인들이 이러한 거대한 건축 사업에 동원 되었을 것으로 본다.

이때에 히브리인들은 종처럼 고통에 시달렸을 것이다. 막다른 궁지에서 하나님께서 그들을 구원하기 위해 모세를 세우시고 바로와 맞서게 하신다. 이 과정에서 많은 기적과 재앙이 되풀이되고 마침내 애굽을 떠나게 된다. 그들의 떠남은 순조로운 행진이 아니고 또 다른 위기를 가져온 탈출이었다.

이러한 위기 속에서도 하나님은 다시 결정적인 기적을 베풀어 바로의 "말과 그 탄 자들"을 바다에 처넣는 놀라운 역사를 이루신다. 이어서 광야의 생활이 계속되는데 그 수가 60만이라고 한다. 이는 장정만의 수로 전체를 따진다면 훨씬 많은 수의 인구가 광야를 이동하면서 생활을 해야 했다. 이 점에서 학자들이 그 개연성에 적지 않은 견해가 있으며 그 이해는 명쾌할 수 없는 실정이다. 따라서 성서의 언급을 꼼꼼하게 따져들면 여러 가지 어려운 문제에 부딪히는데 이는 앞으로 더 지속적인 연구로 풀어야 할 문제이다.

이제 베스터만(Westermann)이 구분한 출애굽기의 구조를 소개하면 다음과 같다.[1]

1) 클라우스 베스터만 / 김이곤, 황성규 옮김, 《성서입문》, 한국신학연구소, 1999, 75 이하 참조.

구조 분석:

I. 하나님의 구원행위: 고난으로부터의 구원(출 1-14장)

1. 고난(1-11장)

1) 애굽의 압박(1장)

2) 모세의 소명과 위임(2-6장), 약속(3장)

3) 모세와 바로(애굽에서 일어난 기적과 재앙)(7-11장)

2. 구원(12-14장)

1) 유월절과 애굽을 떠남(12:1-13:16)

2) 광야 행군, 추격당함과 건짐 받음(13:17-14:31)

II. 인간의 찬양응답(출 15:1-21)

찬양의 노래: 미리암의 노래(15:1-21), 역사시(詩)로 확장(2-18절)

III. 하나님의 행위: 보존(출 15:22-18:27)

인간 실존의 기본적 욕구에 직면함.

1. 목이 갈함: 물을 공급(15:22-27, 17:1-7)

2. 배고픔: 메추라기와 만나를 공급(16장)

3. 절망:

1) 원수로 인한 절망: 아말렉인들을 정복(17:8-16)

2) 내부 문제로 인한 절망: 이드로의 방문, 유사들을 임명(18장)

IV. 인간의 응답

1. 율법과 계약(19-24장)

1) 하나님의 시내산 현현(19장)

2) 십계명(20장)

3) 계약의 책(21-23장)

4) 계약체결(24장)

계약을 위한 헌물

돌비, 하나님의 영광

2. 율법에 관한 지시들(25-31장)
성소와 성구의 준비

V. 범죄와 계약 갱신
1. 부어 만든 우상과 그것을 깨뜨림
모세의 중재(32장)
2. 떠나라는 명령(33:1-6)
3. 회막(33:7-23)
4. 새 계약: 계명판을 바꿈
의식 십계명
5. 율법(35-40장)
25-31장에서 주신 교훈의 성취(레위기와 민수기에서 계속)

1. 애굽의 억압과 모세의 사명: 1~11장

출애굽기는 시작부터 애굽이 이스라엘 백성을 억압하는 말로 시작되고 있다. 그럼에도 불구하고 애굽에 체류하는 이스라엘 백성의 수는 오히려 증가했다는 "축복의 주제"가 지속됨을 보여 준다. 억압받은 백성들은 이러한 경험이 앞으로 삶을 이어가는 데 있어서 사회적인 억압이 자신들의 삶의 과정에서 결코 용납될 수 없는 주제가 되고 있다. 이런 사건의 배경에서 늘 "고아와 과부와 나그네" 등의 이른바 사회적 약자들에 대한 배려는 과거 애굽의 억압에서 해방하신 하나님의 역사를 기억하여 강하게 실행해야 할 율법의 근간이 되고 있다.

모세는 하나님의 부르심을 받고 하나님의 종들의 경우에서 으레 그러하듯이 난색을 한다.[2] 그러나 결국 하나님의 소명에 응하는 모세는 바로와 맞닥뜨리게 된다. 모세는 제국의 막강한 바로를 대항할 아무런 힘이 없었다. 이때에 하나님의 개입으로 이루어지는 기적과 재앙은 막강한 힘을 제압하는 놀라운 권능임을 보여준다. 완강한 바로에게 재앙이 계속되는 가운데 볼 수 있는 것은 재앙의 심도가 점차 심화된다는 것이다. 이러한 하나님의 능력 앞에 바로도 손들 수밖에 없었다는 것은 필연적인 결과다. 이러한 끈질긴 과정을 거쳐 이스라엘 백성은 바로의 치하에서 벗어나는 계기를 맞는다. 재앙을 통해서 보여주는 것은 하나님의 권능이다. 열 번에 걸친 숨 막히는 재앙의 이야기는 두고두고 후대에 이르도록 감격적으로 회상하며 하나님의 권능을 각성시키는 중요한 주제가 되고 있다.

2. 구원

유월절은 이스라엘 절기 중 가장 중요한 것이다. 이는 원래 고대 유목민적인 삶의 축제의 하나였는데 후대에 이르러 무교병의 축제와 융화된다. 무교병의 축제는 밀 추수기가 시작될 때 열렸다. 이 축제가 이스라엘의 역사를 여는 출애굽의 사건과 긴밀하게 결합된다.

---

2) 출애굽기 3장 11절에서 모세는 "내가 누구이기에 바로에게 가며 이스라엘 자손을 애굽에서 인도하여 내리이까"라고 하며 고집스레 사양하는 모습을 보여주고 있다. 무려 네 번의 거부의 말과 네 번의 약속이 있는 것을 볼 수 있다. 이러한 태도는 예언자 이사야와 예레미야의 경우에도 비슷한 태도로 거부하는 것을 볼 수 있다. 소명기사에서 흔히 나타나는 현상의 공통점은 "부름-거부-설득-수용"으로 하나의 패턴으로 이해할 수 있다. 소명기사에서 중요한 것은 하나님의 설득의 말씀 가운데 "두려워 말라 내가 너와 함께 하리라, 담대하라" 등의 보장의 말씀이다. 이로 볼 때 중요한 것은 하나님의 사명에서 인간의 연약함과 하나님의 능력이 대비되면서 사명의 수행은 인간의 능력이나 힘으로 되는 것이 아니라 하나님의 능력으로 이루어짐을 극명하게 보여주고 있다. 따라서 인간의 역량은 더욱 작은 모습으로 나타나고 하나님의 능력이 크게 부각됨을 알 수 있다.

그 중요성은 성서의 여러 곳에서 강조됨을 볼 수 있다.[3)]

3. 미리암의 찬양

출애굽기 15장은 단연 미리암의 찬양이 압권이라 할 수 있다. 아론의 누이인 미리암은 바다에서의 건지심에 대해 감격적으로 찬양한다. 이 찬양시는 성서에 보존된 모든 노래 가운데 가장 오래된 최고의 찬양노래이다. "너희는 야훼를 찬양하라 그는 높고 영화로우심이요 말과 그 탄 자를 바다에 던지셨음이로다"(21절). 그 누구도 이처럼 완벽하고 아름다운 찬양을 한 적이 없다. 여인의 섬세한 감정을 충분히 담아내는 가장 간결하고도 완전한 찬양시이다. 후에 이의 영향 하에 유사한 찬양 응답이 인간의 반응으로 많은 시들에서 볼 수 있다.

4. 하나님의 임재하심(출 15:22-18:27)

이제는 다른 주제가 등장한다. 지금까지의 구원 행위와는 달리 "보존"이라는 주제이다. 이는 주로 이스라엘이 도상에서 만나는 여러 가지 문제와 관련된 것이다. 광야를 유랑하는 가운데 목마르고 배고파 많은 원망이 생길 때 하나님은 여러 가지로 조처를 하신다. 광야에서 먹을 물을 찾지 못하고 쓴 물만 만났을 때에 바위에서 물이 솟게 하시며 굶주림에서 어떻게 구출 받는지 말해주고 있다. 또한 아말렉 사람들과의 전쟁에서 어떻게 이기게 하는지를 보여준다.

---

3) 출애굽기 12장 11절 "너희는 그것을 이렇게 먹을지니 허리에 띠를 띠고 신을 신고 손에 지팡이를 잡고 급히 먹으라 이것이 야훼의 유월절이니라."

5. 인간의 응답(출 19-31장)

이 부분은 오경의 율법 조문에 해당하며 하나님의 현현으로 소개되고 있다. "나는 너의 하나님 야훼이다"라는 말로 시작한다. 가장 권위 있는 진술로 다음 말을 긴장하게 한다. 십계명(20:1-17)은 시내산의 하나님의 현현에 속한 것이다. 이는 모든 율법의 근간으로 그 삶의 자리(Sitz im Leben)는 초기의 공중예배라고 할 수 있다. 21장부터 23장은 이른바 계약의 책이라고 할 수 있다. 그리고 24장에서 계약 체결의 장면이 등장한다. 25-31장은 율법에 관한 교훈들이다.

6. 계약파괴와 계약 갱신(출 32-34장)

여기서 이스라엘 백성이 계약을 파기하는 사건이 일어난다. 결정적인 것은 우상을 만든 사건이다. 이로써 그들은 십계명의 한 계명을 범하고 만다. 참으로 무서운 결과를 예상했지만 의외의 결과를 보임으로 많은 생각을 가지게 한다. 이러한 범죄 행위에서 하나님은 말씀대로 그 백성을 멸절하지 않는 모습을 보이는데 아마도 중재에 의한 철회가 아닌가 한다. 33장에서는 유랑의 때에 속하는 '성소'에 관한 암시가 있다. 이는 회막과 관련한 것으로 그 안에서 하나님이 모세와 만났고 여러 가지 문제와 답을 얻는다. 그리고 34장에 들어오면 새로운 계명 판이 등장한다. 20장의 십계명과 대조적으로 34장에서 이른바 "의식 십계명(Cultic Decalogue)"(11-26절)이 등장한다. 이 의식 십계명은 앞의 기본 십계명과 밀접한 관련이 있다.

7. 명령의 이행(35-40장)

이는 이른바 제사법전의 한 부분으로 출애굽기 25-31장의 내용을 이행하는 것을 보여 주고 있다. 앞에서 모세 개인에게 부여한 하나님의 위임사항이 성취되고 있다. 이는 또한 예배 영역에 속하는 문제를 다루고 있다.

학대를 받을수록

출애굽기 1장

풀은 밟혀도 더디긴 하겠지만 하늘을 향해 일어선다. 육중한 바위들 사이에서 아무것도 살 수 없을 것 같은데 연약한 풀과 나무는 뿌리를 내리고 하늘로 치솟는다. 생명력은 막을 것이 없음을 단적으로 보여주는 현상이다. 히브리 민족은 머나먼 이방 애굽에서 고달픈 세월을 보낸다.

창세기의 요셉의 이야기를 이어서 이제 새로운 국면에 들어선 이스라엘 백성의 이야기가 이어지고 있다. 요셉 시대에 자기 땅은 아니었으나 야곱의 자녀들이 애굽에서 융숭한 대접을 받았다. 요셉의 현명한 정치가 전적으로 인정을 받고 그만큼 영향력이 컸기에 그런 환영을 받았던 것이다. 요셉과 그 형제 및 당대의 사람들이 다 죽고 어느덧 이스라엘 백성은 애굽에서 번성하여 매우 강한 민족으로 온 땅에 가득하게 되었다고 한다. 이주한 백성이 이렇게 되기까지는 그간에 많은 노력이 있었을 것이다. 이는 하나님의 약속(창 12:2; 17:2, 4-6)이 그대로 이루어졌음을 보여준다. 한 가족에서 이처럼 커다란 민족으로 성장한 것은 놀라운 일이 아닐 수 없다.

그런데 일은 순조롭게만 되지는 않았다. 요셉의 훌륭한 공을 모르는 새 바로왕(람세스 2세: ca.1279-1213 BCE)이 나타나더니 히브인들을 위협적인 존재로 느끼게 되었다. 인종 차별이 시작된 것이다. 그는 이스라엘 자손이 많아져서 혹 전쟁이라도 일어나면 큰일 나겠다고 은근히 걱정하게 된 것이다. 그렇게 되기 전에 이스라엘 백성의 수를 줄이는 것이 최선임을 알고 대책을 세운다. 그는 네 단계로 계획을 세운다. 강제노역(11-12), 노예(13-14), 신생남아 살해(15-21), 공개적 살해 명령(22)이 그가 세운 억압의 조치들이다.

여기서 히브리인이라는 명칭은 대체로 이집트 체류와 같은 특별한 상황에서 쓰이는 말로 이해된다. 당초 히브리는 고대 오리엔트 세계 전체에서 이스라엘처럼 억압받는 사람들을 포괄적으로 사용하는 말이었다. 람세스 2세는 세티 1세에 이어 왕이 되어 이전 테베의 수도를 나일강 델타지역으로 옮기며 엄청난 규모의 도시를 건설하였다. 비돔과 라암셋이 그의 계획적인 도시들이다. 특히 라암셋은 그의 거주지로 '아문의 사랑받는 자, 라암셋의 집' 의 뜻을 가진다.

이스라엘의 힘이 커가는 것을 막기 위해서 이 도시 건설에 히브리인을 대대적으로 강제노역에 동원하여 억압하고 힘든 고용살이를 시키려 했던 것이다. 그런데 이런 학대에도 그들은 번성하여 퍼져 나갔다고 한다. 그의 조치가 정반대의 효과를 가져온 것이다.

하나님께서 바로를 다루는 모습은 참으로 묘하다. 틀림없는 계책인데 여지없이 무너지게 하시는 섭리는 전제 군주를 지쳐 나가떨어지도록 하신다. 누를수록 더 일어나는 한여름의 풀과 같은 모습이다. 그러니 바로왕의 근심(12절)이 더하지 않을 수 없었다. 그는 집 짓는 공사로는 안 되겠다고 판단해서 이번에는 "일을 엄하게 시켜 어려운 노동으로 그들의 생활을 괴롭게 하니…"(13-14절)라고 하여 근본적으로 묶어 놓은 것이다. 흙 이겨 벽돌을 굽고 각종 농사일을 엄하게 시켰던 것이다. 모든 것을 손으로 하는 그 시대의 공사를 생각하면 이스라엘 백성의 땀이 얼마나 흘렀겠는가 짐작하게 된다. 그것만으로는 효과가 없었던지 이제는 두 사람의 산파로 하여금 히브리 여인이 해산할 때에 남아는 모두 죽이라고 한다. 여기서 히브리 산파는 애굽 여인인지 히브리 여인인지 분명하지 않다.

그러나 현명하게도 그 산파들이 바로의 계획을 좌절시키고 있다. 바로왕의 명령이 얼마나 무섭겠는가? 그럼에도 이들은 명령을 어기고 지혜롭게 바로왕을 따돌린다. 그들이 이렇게 용기 있는 행동을 하게 된 것은 "하나님을 두려워하여"(17절) 바로의 명령을 어겼다고 한다. 보이는 왕이 더 무서웠을 것인데 그 명을 어긴 것은 생명을 거는 놀라운 용기라고 하겠다. 하나님을 두려워하는 마음을 가진 사람은 세상이 모두 두려워하는 왕 앞에서도 무서워하지 않음을 보여준다.

기생 라합의 태도와 두 산파의 행위는 모두가 생명을 거는 놀라운 용기를 보여준 모범적인 예이다. 그들은 아마도 하나님이 자신들을 보호할 것을 확신하는 사람들일 것이다. 그래서 수없이 많은 어린 생명을 살림으로 바로의 명을 어겼다. 바로가 왜 아이들을 살렸냐고 했을 때 그들은 도착하기 전에 이미 해산했다는 핑계로 그를 따돌린다. 목숨을 구하는 선한 일을 위해서 제대로 말하지 않았지만 전혀 문제가 되지 않음을 본다. 아마 이런 기지는 하나님께서 주신 순간의 지혜였을 것이다. 하나님을 두려워하는 자는 설령 죽음의 막다른 지경에 들어간다 해도 하나님이 함께 하심을 보여준다.

하나님은 그들에게 은혜를 베푸셔서 그 집안을 흥왕하게 하셨다고 한다. 라합의 후손들을 생각나게 한다. 여인들이 하나님의 보상을 바라고 행한 일은 아니지만 그들은 어쨌든 이 일로 큰 보상을 받았다. 자신이 미처 생각하지 못한 일로 더욱 화가 난 바로는 이번에는 모든 백성에게 공개적으로 아들이 태어나면 나일강에 던지라고 명령하고 있다. 그러나 근본적으로 하나님과의 싸움에서 어찌 바로가 승리를 거두겠는가? 악하고 어리석은 바로의 모습을 보게 된다.

위험한 탄생

출애굽기 2장

바로왕의 살육 명령으로 모든 히브리인이 생과 사의 기로에 서 있게 되었다. 어찌 출생을 인간 마음대로 한단 말인가? 하나님의 창조 역사에 대한 정면 도전이 아닐 수 없다.

이야기는 이제 히브리인 가운데 한 위대한 지도자의 탄생의 경우로 돌아가고 있다. 레위 사람에게 한 아기가 태어났는데 그도 죽음의 대상인지라 그 어머니는 무려 석 달 동안 남몰래 키웠다고 한다. 아마도 하루하루 사는 것이 숨이 막히는 극도의 긴장된 시간이었을 것이다. 그 아이는 "잘 생긴"(2절) 외양으로 보통 사람이 아닐 것 같은 느낌을 주었다. 그러나 왕의 명령으로 말미암아 죽음이 그 앞을 가로막고 있으니 한탄스러운 일이다. 어머니는 죽음을 당하기보다는 하늘에 맡긴다는 심정에서 아이를 갈대 상자에 넣어 물이 새지 않도록 하고 나일강에 띄우는 방법을 택한다.

우리는 고대 메소포타미아 지역의 아카드의 사르곤이 처음 태어날 때에 그와 거의 비슷한 사건을 겪었던 일을 연상하게 된다. 모두가 영웅적인 사람의 출발이 심히 위험하였음을 말하고 이를 극복해서 위대한 인물이 됨을 그린다는 점에서 유사하다 하겠다. 나일강에 띄운 아이는 피할 수 없는 운명에 맡겨진 것처럼 보이지만 왠지 야훼 하나님의 숨은 손길에 놓인 느낌이다. 그러나 현실적으로 아이는 지극히 초라한 상자에 실려 이리저리 떠밀려 가고 있다.

그런데 의외의 일이 벌어진다. 때마침 강가에서 목욕을 하던 바로의 딸이 보고 불쌍한 마음이 들어 건져오게 한다. 그는 아버지 바로와는 전혀 다른 인간적인 따스함을 보여준다. 그 아이가 히브리 아이임을 알면서도 불쌍히 여겨 인정어린 조치를 취하고 있다. 유모를 들임에 그 아기의 어머니인지도 모르고 불러 그를 키우게 한다.

여기서 눈여겨 볼 점은 바로와 그 딸의 전혀 다른 인간적인 면모와 아이의 누이가 전혀 모르는 척하며 사건에 개입하는 점 그리고 유모를 불러 오는데 바로 아이의 어머니였다는 점이다. 이 모두는 완벽하게 구원이 이루어지는 요소가 되지만 하나님과의 연관은 한마디도 없이 사람을 통한 구원 행위가 이루어지는 점이다.

아이는 자라서 바로의 딸의 아들이 된다. 대단한 상승이 아닐 수 없다. 이것이 모세가 출생부터 궁정에 이르는 파란만장한 곡절을 겪는 모습이다. 평범한 집안에서 보통스럽게 자라날 아이가 특별한 위치에서 양육됨을 공주의 손에 맡겨짐을 통해서 설명하고 있다. 비록 '건져내다' 라는 뜻의 이름으로 모세를 설명하고 있지만 모세는 분명한 애굽식 이름을 갖게 된다. 그는 궁정에서 왕자의 교육을 받았다. 애굽의 지혜교육을 통해서 고도의 지도자 수업을 제대로 받았을 것이다.

이야기는 이제 그가 장성한 후에 어느 날 일어난 이야기로 돌아가고 있다. 궁정에서 자랐지만 자신은 애굽 사람이 아니고 히브리인이라는 사실을 잊지 않고 산 사람이다. 그런 내력은 행간으로 읽을 내용이지만 히브리인의 긍지를 잊지 않고 산 사람임에 틀림없다. 어느 날 애굽인이 동족 히브리인을 때리는 현장을 목격하고 참다 못해 개입하여 마침내 살인을 하게 된다. 이는 동족의 고통을 오랜 기간 보면서 마음이 편치 않았던 차에 이루어진 일일 것이다. 홀로 궁정생활에 만족하고 동족의 아픔은 모르는 체할 수 있지만 정의의 바른 교육을 받은 자로서 동족의 고통을 외면하지 못하는 모세였다.

다음날 동포끼리 싸우는 것을 보고 의협심으로 뛰어들지만 전일에 자신이 한 일이 탄로 났음을 알고 그는 재빠르게 몸을 숨긴다. 그는 동족간의 문제를 조정하려 했는데 오히려 동족의 잘못된 이해를 깨닫고 결단하지 않을 수 없었다. 대의를 세우다가 사적인 것이 오해로 되돌아 올 때에 감도는 비감은 주체하기 힘들었을 것이다. 그것도 같은 연대감을 가져야 할 동족에게서 온다면 말이다. 모세는 억눌린 동족의 권리를 위해 사적인 모든 기득권을 포기하면서 싸웠지만 열매는 없이 오해만 돌아 왔던 것이다.

모세는 미디안으로 피신하게 되었고 그는 그곳에서 마침내 뜻하지 않은 하나님의 부르심을 받는다. 미디안에 온 모세는 낙심하여 우물가에 앉아 있었는데 보통 우물처럼 여인들이 물을 길러 왔고 여기서 뭇 남자들 틈에서 밀리기만 하는 여인들을 돕다가 미디안 제사장 딸을 만난다. 이 역시 흔히 볼 수 있는 우물가의 사건이라고 할 수 있다. 딸들을 통해 사정을 알게 된 미디안 제사장은 나그네에 대한 예의대로 청하여 음식을 대접하고 마침내는 딸 십보라를 아내로 준다. 이것이 모세가 피신한 곳에서 미디안 제사장 이드로 내지는 르우엘을 만나고 아내를 얻는 이야기이다. 그 사이에 애굽왕이 죽고 이스라엘 자손은 더욱 고된 노동으로 말미암아 탄식과 부르짖음이 고조되었을 때에 하나님은 더 이상 참지 못하는 지경에 이른다.

우리는 여기까지 모세가 하나님의 손길에서 선택되고 성장하며 기막힌 사건에 연루되어 하나님의 사람으로 준비되어 감을 하나하나 눈여겨 보게 된다. 하나님은 사람을 택해서 쓰시고자 할 때에 죽을 사지에서도 끌어내시며 많은 곡절에서 온갖 체험을 다 하게 함을 또한 보게 하신다. 나도 모르게 준비하시는 하나님 앞에서 그저 겸손히 따라갈 뿐이다. 하나님의 선하신 인도를 신뢰하면서.

내 백성의 고통

출애굽기 3장

모세는 피신한 몸으로 장인의 집에 얹혀사는 신세가 되었다. 이른바 처가살이를 하는 셈이다. 우리 속담에 "겉보리 서말만 있으면 처가살이 하랴?" 하는 말이 있지만 모세의 처지는 어쩔 수 없는 것이었다. 처가에서 하는 일이란 양을 치는 일이었다.

어느 날 모세가 양을 몰아 이른 곳은 "하나님의 산 호렙"(1절)이었다고 한다. 거기서 그는 하나님의 사자가 떨기나무의 불꽃 안에 나타나는 데 이상하게 나무가 타지 않음을 보고 가까이 가서 쳐다보았다. 이때에 하나님이 그를 부르신다. 그러면서 이곳은 거룩한 땅이니 신발을 벗으라고 하신다. 오늘날 무슬림들은 성소에 가면 신발을 벗는 예를 행하지만 고대 중동에는 거룩한 곳에 이르면 신발을 벗는 관습이 있었다(수 5:15).

노트(M. Noth)는 이러한 거룩한 곳에 가까이 가서는 안 되며 그 주변에서는 본래 상태인 맨발로 다녀야 한다는 지역 전승의 유사한 민담을 소개한다. 또 불이 붙어 있으나 타지 않는 나무들에 대한 민담들이 팔레스틴에 있음을 밝힌 그레스만(H. Gressmann)을 참고로 들고 있다.

어쨌든 모세는 거룩한 땅에 이르러 하나님으로부터 소개를 듣고 두려워 얼굴을 가리고 계속하시는 말씀을 듣는다. 하나님은 "내 백성의 고통"(7절)을 분명히 보고 부르짖음을 들어 그들을 애굽인의 손에서 건져내어 약속의 땅에 인도하려 한다고 한다. 이것이 하나님께서 이스라엘 자손을 향한 계획이다. 그래서 이를 행할 자로 모세를 택한 것이다. 이 모든 일을 하시는 분은 하나님이요 모세는 하나님의 행동의 도구로 불린 것이다.

이러한 원대한 일에 모세는 당황하지 않을 수 없었다. 그는 "내가 누구기에 바로에게 가며 이스라엘 자손을 애굽에서 인도하여 내리이까?"(11절)라고 하면서 발뺌을 하고 있다. 모세의 사양은 다섯 번에 걸쳐 계속되고 있다(3:11, 13; 4:1, 10, 13). 부르심에 대한 고집스런 그의 사양이 4장 17절에 이르는 주된 내용이다. 그러나 하나님은 물러서지 않고 끈질기게 설득하시고 있다. "내가 반드시 너와 함께 있으리라"(12절).

모세는 하나님께 자신이 대답해야 할 문제들을 묻고 있다. 이스라엘 자손들이 모세를 보낸 하나님이 누구냐고 물으면 무엇이라 대답해야 하는지 묻는다. 이때에 하나님은 모세에게 "나는 스스로 있는 자"(14절)라고 대답하신다. 이 말은 그리 쉬운 말이 아니다. 불확정성을 내포하는 무한한 가능성을 향한 말이다. 그래서 "나는 내가 되고자 의도하는 대로 되는 그대로가 나다' 라는 말이다.

이것은 앞으로 내가 누구인지는 역사 안에서 밝혀지게 된다는 의미가 있다. 다시 말해 존재론적 의미를 넘어 '활동적 존재' 를 의미하는 말이다. 구체적으로 이스라엘 역사 안에서 활동하심으로 드러내시는 하나님을 말한다. 이스라엘은 앞으로 하나님이 그들과 함께 역사 안에서 어떻게 행하시는가를 통해 비로소 알게 될 것이다.

이것을 모세가 이스라엘 장로들과 백성에게 알려야 한다.

하나님은 조상들이 믿는 하나님으로 아브라함의 하나님, 이삭의 하나님, 야곱의 하나님이시며 애굽에서의 고통을 무너뜨려 젖과 꿀이 흐르는 땅 곧 가나안 족속 등 많은 족속이 사는 땅으로 올라가게 하신다고 한다. "젖과 꿀"에서 앞으로 들어갈 땅이 풍요로운 땅임을 예시하고 있다. 젖은 우유를 의미하지만 꿀은 각종 과일의 즙을 의미한다고 볼 수 있다. 그 땅에는 여러 과일 곧 대추야자, 무화과, 포도 등이 풍부하게 나서 밖으로 내다 팔기까지 했던 것이다. 종살이하는 지금과는 비교도 안 되는 놀라운 환경이다. 이처럼 확실하게 보장하시는 하나님의 약속에 그들은 마음이 흡족해서 모세를 따르지 않을 수 없을 것이다.

이렇게 하여 이스라엘 자손의 마음을 일으켜 세우며 분명히 막아설 애굽의 왕에게도 조치를 취하시는 말씀을 하고 있다. 하나님은 바로가 호락호락 모세의 요구를 들어주지 않을 것을 알고 계신다. 얼마나 값진 노동력인데 그렇게 쉽게 내어 주겠는가? 종 하나면 한 집안이 편안히 살 수 있는데 그 많은 종들을 내어주면 누가 애굽의 모든 일들을 하려 하겠는가? 힘든 모든 일은 그들이 담당해야 나라의 일들이 해결되지 않았던가? 왕은 인구가 불어서 그들에게 전쟁의 위협이 되는 것은 싫지만 그렇다고 그들이 빠져나가는 것을 허락할 사람도 아니다. 하나님은 완악한 바로의 마음을 꿰뚫어 보고 계신다. 바로에게 요구하지만 아마 그는 하나님이 강한 손으로 치시기 전에는 보내지 않으리라는 말을 하신다.

3장은 이렇게 모세를 설득하여 세우시고 백성을 안심시키시며 바로를 다그칠 계획을 밝혀주고 있다. 모두가 하나님의 불쌍한 백성을 구원하시려는 거룩한 뜻을 실행하시는 모습이다. 모든 일의 중심은 하나님이심을 볼 수 있다. 이스라엘은 고통을 호소만 했지 스스로 자신들의 운명을 개척할 힘이 없다. 오직 하나님이 아니면 어떻게 그 어려운 고난의 소용돌이를 벗어날 수 있겠는가? 하나님의 구원의 역사는 그렇게 이루어지고 있다.

네 입의 할 말

출애굽기 4장

소크라테스는 논박과 산파술로 담화에 임하는 사람을 깨우쳐 준다. 스스로 안다고 생각하는 많은 사람은 사실 아무것도 모르고, 모른다는 사실을 아는 자는 이른바 '무지의 자각'이라는 앎을 가진 자라고 한다. 우리 자신을 놓고 엄밀히 살피면 참 보잘 것 없는 존재가 아닌가? 모세는 처음 하나님의 부르심을 받고 자신을 바라보니 초라하기 그지없는 존재를 새삼 깨닫지 않을 수 없었다. 하나님의 사명이라는 것이 얼마나 두려운 일인가? 그런 일을 감당하는 것이 인간 모세로서는 너무 힘들 것이라는 생각을 갖지 않을 수 없었을 것이다.

하나님 앞에서의 모세의 계속되는 이의 제기는 그 나름대로 이유가 있다고 본다. "그들이 나를 믿지 아니하며 내 말을 듣지 아니하고…"(1절)는 뻔히 있게 될 일을 예시하고 있다. 하나님은 이때에 그의 사신으로서의 정당성을 주기 위한 특별한 표시로 지팡이가 뱀이 되는 능력을 부여 하신다. 이 표징이 곧 이스라엘 사람들이 그

조상인 아브라함의 하나님, 이삭의 하나님, 야곱의 하나님이신 야훼가 나타나신 줄을 믿게 하려 함이라고 한다.

모세를 보통으로 보던 그 백성은 아마 놀람을 금치 못하고 많은 사람이 그를 따르게 될 것이다. 뿐만 아니라 하나님은 또 다른 기적을 보여줌으로 하나님의 사자로서 확실한 증명을 부여하고 있다. 그것은 품에 넣은 손이 나병에 걸리고 다시 넣었을 때에 본래의 모습이 되는 기적이다. 그리고 이 두 이적을 믿지 않으면 나일 강 물을 피로 변하게 하는 일로 확신케 하라고 한다.

어느 시대를 막론하고 의심이 많은 사람은 별것을 보여주어도 핑계로 빠져나가고 만다. 하나님은 이 정도면 어떤 강퍅한 사람도 머리 숙이리라 생각하셨던 것 같다. 이런 놀라운 기적 앞에서도 모세는 "입이 뻣뻣하고 혀가 둔한 자"(10절하)라고 또 다른 이유를 제기한다. 말을 잘 해야 하나님의 종이 되는 지극히 인간적인 생각에 머물러 있다. 이처럼 모세는 매번 인간적인 조건이 그렇게 중요했던 모양이다.

이때에 하나님은 놓칠세라 "누가 사람의 입을 지었느냐…"(11절)라고 하면서 계속 추궁하신다. 하나님은 인간이 타고난 재능을 가지고 하나님께 봉사하며 사명을 감당키 위해 필요한 것을 주시는 이이심을 밝혀 준다. 금그릇, 은그릇, 나무그릇… 등등 모두가 쓸모가 있는 것이다. 인간이 지레 판단할 문제가 아니다. "이제 가라 내가 네 입과 함께 있어서 할 말을 가르치리라"(12절). 더 이상의 반론을 펼 수 없는 막다른 지경에 이르렀다. 말 잘하는 것도 말이 어눌한 것도 모두 하나님이 만드신 것이라면 그분이 함께 하시겠다는데 무슨 조건이 필요하겠는가? 이 정도로 말씀했을 때에 보통 사람은 물러서고 말았을 것이다.

그런데 모세는 "보낼만한 자"를 보내시라고 간청한다. 이만하면 모세의 고집이 얼마나 대단한가를 보여주고 남는다. 이에 하나님은 노하시며 형 아론을 붙여 주신다. 그에게도 하나님이 함께 하시겠다고 하시며 "너희들이 행할 일을 가르치리라"(15절하)고 한다. 말은 형 아론이 하고 모세는 백성들 앞에서 지팡이로 이적을 행하여 백성으로 하여금 하나님을 따르도록 하신 것이다. 그때에야 모세가 침묵함으로 하나님을 순종하겠다는 것을 보여주고 있다. 한 사람 모세를 설득하는데 이토록 힘든 하나님이셨다. 끝까지 참으시고 기다리시는 하나님의 모습을 보게 된다.

모세는 곧 장인에게 돌아가 애굽의 친척에게 돌아갈 계획을 말했으며 이드로는 이를 허락한다. 그는 하나님의 보장을 받고 아내와 아들들을 데리고 애굽으로 돌아가는데 그의 손에는 지팡이가 들려 있었다. 하나님이 주신 사명을 감당키 위해 나서는 모습이다. 바로의 마음을 완악하게 하신 하나님은 모세에게 이르시기를 그가 여간해서는 백성을 내어주지 않을 것이라고 귀띔해 준다. 그때에 "이스라엘은 내 아들 내 장자"(22절)라는 말과 함께 거부당했을 때에 "네 장자를 죽이리라"(23절)고 선언하라고 한다. 하나님은 그 백성이 바로가 아니라 하나님을 섬기기를 바라신다.

24절 이하는 갑자기 할례와 관련된 지역적 에피소드가 수수께끼처럼 등장하고 있다. 해석상 난해한 부분의 하나이다. 그토록 어려운 과정을 거치면서 설득해 여기까지 이끄신 하나님이 왜 모세를 죽이려 한단 말인가? 어쨌든 모세는 십보라의 "피의 남편"이라는 할례와 결혼에 관련된 오랜 민간 관습과 관념과 관련해서 나타나고 있다. 민간 관습은 아마도 결혼 초야에 있음직한 위험을 방어하는 행위와 무관치 않은 것으로 보인다.

한편 하나님은 아론을 불러 모세를 맞이하여 모세의 말을 듣게 한다. 그리고 모든 이스라엘의 장로를 모아 하나님의 뜻을 전하고 이적을 행했을 때에 이스라엘자손이 듣고 경배했다고 한다. 마침내 하나님이 지시하고 예비하신 모든 일들이 순조롭게 진행되고 있다.

달아나는 모세, 무능하다는 모세, 고집부리는 모세를 불러 끈질기게 설득하시는 하나님이시다. 처음부터 마지막까지 그분은 중심에서서 선하신 계획을 이루어 가신다. 우리의 입의 말까지 주장하시면서 하나님이 하신다.

야훼가 누구시기에

출애굽기 5장

모세는 하나님의 강권적인 이끄심에 형 아론과 함께 동포들이 신음하는 애굽에 이른다. 형제는 바로 왕에게 가서 하나님의 말씀을 전한다. 억압받는 히브리 백성을 내보내라는 말이다. 세상의 어느 왕이 대수롭지 않은 사람들이 와서 그처럼 큰 요구를 할 때에 고분고분하게 내어 주겠는가? 바로는 욕심 많은 대제국의 절대자이다. 더 많은 일들을 자기 나라 안에서 이루어야 할 사람이다. 엄청난 노동력을 포기하는 것은 바로에게는 전혀 어울리지 않는 말이다.

그의 대답은 예상한대로 "야훼가 누구냐?"(2절)는 식으로 말함으로 헛웃음을 치고 있다. 자신들이야 신을 믿는 백성이지만 저 보잘것없는 노예들이 무슨 가당치도 않는 신을 믿느냐는 식으로 깔보고 말았을 것이다.

옛날에 아메리카에서 백인들은 교회에서 거룩하게 예배를 드리는가 하면 흑인들은 교회당에 얼씬도 못하게 하던 시절이 연상된다. 그런 면에서 보면 동학교주가 집안 하인을 며느리로 삼아 하등의 거리낌이 없었던 일은 그 시대로 보아 대단한 일이었다. 바로는 일언지하에 모세의 요구를 거절하고 만다. 이스라엘이나 그들이 믿는 야훼를 싸잡아 경멸하고 있다.

그럼에도 그들은 물러서지 않고 "우리가 광야로 사흘 길쯤 가서 우리 하나님 야훼께 제사를 드리려 하오니 가도록 허락하소서"(3절)라고 의미 있는 말을 한다. 다시 말해 이스라엘 사람들이 하나님 야훼를 예배하기 위해 광야로 나가는 것을 허락해 달라는 것이다. 목적이 하나님 예배이며 그것도 영구히 떠난다는 말 대신 한 "사흘 길쯤"이라 하여 그리 대수로운 일이 아닌 것처럼 완화된 표현을 하고 있다. 그러면서 만약 거절하면 야훼께서 전염병이나 칼로 칠까 두렵다고 덧붙이고 있다.

그러나 바로는 그 말을 청종하기는커녕 더 가혹하게 부릴 명을 내린다. 그는 그 백성의 수효가 많아지고 일이 점점 쉬워짐으로 다른 생각을 가질까 걱정했던 것이다. 다시 말해 자유를 갈망하는 충동이 일어날까 두려워했을 것이다. 그는 그 백성들에게 여유와 틈을 주지 않고 짐을 더욱 가중하게 만들기 위해 벽돌용 볏짚을 주지 않고 들에 가서 스스로 구해서 만들게 한다. 이스라엘은 혹 떼러 갔다가 혹을 붙이는 꼴이 되었다.

현장 감독관들은 그날그날의 할당량을 어김없이 채우도록 했던 것이다. 이에 견디다 못한 이스라엘 기록원들이 바로를 찾아가서 하소연을 하지만 바로는 들은 척도 안하고 정량을 맞추라고 하면서 쫓아낸다. 억울함을 겨우 참으며 궁을 나온 그들은 도중에 모세와 아론을 만났을 때에 분노가 폭발하고 만다. 그들이 "바로와 신하의…미운 것"(21절)이 되었다 함은 바로의 눈에 '미운 털'이 박힌 것을 말한다. 문익환은 "자네들이 우리를 거지발싸개가 되게 했구나"라고 해서 더욱 실감나게 풀이 한다. 명색이 지도자라는 사람들이 일을 쉽게 풀 줄은 모르고 더욱 악화시켜서 그르쳐 놓았으니 화가 치밀 만도 하다. 그래서 저주에 가까운 말로 퍼붓고 있다. "야훼는 너희를 살피시고 판단하시기를 원하노라"(21절하). 이로써 모세의 입지는 더욱 어려워지게 되었다.

백성들은 대표자의 고충과 어려움을 헤아려서 말을 삼가지 않고 손익에 따라 즉각적으로 퍼부음으로 지도자에게 설 자리를 없게 만들고 있다. 모세는 하나님과 백성 사이에서 깔려 죽을 판이다. 참을성 없고 관용 없는 백성들을 이끌고 하나님 앞에서 살아갈 일이 험난할 것을 보여준다.

모세는 철없는 백성을 나무라지 않고 야훼 하나님께 나아가 원정을 한다. "어찌하여 이 백성이 학대를 당하게 하셨나이까 어찌하여 나를 보내셨나이까"(22절) 모세로서는 하나님의 뜻을 잘 알지 못하는지라 그런 물음을 할 수밖에 없었을 것이다. 세상 직분 같으면 당장 사표를 내면 그만이지만 그럴 수도 없지 않은가? 모세가 하나님의 심부름꾼으로 바로의 궁에 들어가서 요구했을 때에 하나님은 어찌 돕지 않으시고 바로를 내버려두어 제멋대로 하게 두었느냐는 물음이다. 하나님이 그렇게 약속할 수 없었을 것이다. 이제 홀로 그 모든 것을 삭이면서 하나님의 이끄심에 따라가는 수밖에는 아무런 방법이 없다. 그런데도 이 모든 일들이 제대로 되어 감을 보면 언제나 최종 책임은 하나님이 떠맡으시는 것을 본다. 잘난 것도 없고 떳떳한 것도 없으면서 조금만 어려우면 소리치는 그 백성을 잘 인도하시는 하나님의 자비를 바라보게 된다.

우리는 사람의 역경이 힘들고 어렵지만 하나님과 연합되었을 때 아무 의미 없이 고통으로만 끝나지 않고 새로운 날을 향해서 나아가심을 눈여겨보고 믿음으로 버티는 힘을 가져야 할 것이다. 지푸라기, 벽돌, 할당량 등 모든 현실적인 억압이 하나님을 알게 하는 새로운 도구임을 알고 오늘을 살아야 할 것이다.

맹세한 땅

출애굽기 6장

모세 한 사람을 쓰기 위해 하나님은 무척 애를 쓰신다. 그간에 모세는 이스라엘 백성에게 가서 하나님의 말씀을 전했지만 백성들이 쉽게 들어주지 않은 아픈 경험을 하였다. 그런데 하나님은 모세를 불러 다시 사명을 주신다. 하기 싫은 심부름처럼 힘든 것은 없을 것이다.

그러나 하나님의 명령이신지라 다른 도리가 없었다. 이번에 하나님이 하시는 말씀은 "이제 내가 바로에게 하는 일을 네가 보리라"(1절)고 한다. 다름 아닌 하나님의 강한 손으로 말미암아 이번에는 백성을 내보내리라는 말씀이다. 그러면서 "나는 야훼이니라"(2절)고 하신다. 이름을 새로 알리면서 마치 무슨 비장한 일을 시작하는 듯 보인다. 과연 하나님은 새로운 이름과 함께 위대한 역사를 이루실 시점에 온 것이다. 바로 이 사실을 모세는 백성에게 전해야 했던 것이다. 참으로 중요한 시점이 아닐 수 없다. 비록 과거에 아브라함과 이삭과 야곱에게는 "전능의 하나님"으로 알려졌지만 그 하나님이 이제는 야훼라는 고유하고도 확고한 이름으로 새 역사를 시작하려 하는 것이다. 그 역사는 약속했던 것이 현실로 확고하게 성취되는 일이다. 백성에게 야훼라는 이름을 알리고 애굽의 무거운 짐을 벗기며 편팔과 큰 심판으로 속량하시겠다는 것을 전해야 하는 것이다. 그래서 약속의 간결한 내용 "너희는 내 백성…나는 너희 하나님"(7절)을 알게 되는 것이다.

하나님과 이스라엘은 참으로 친밀한 관계이다. 부모와 자식, 남편과 아내라는 비유적 표현으로 자주 말해지듯이 가장 가까운 관계이다. 오늘 우리도 하나님과 나 사이는 세상의 어떤 관계보다 가까운 사이임을 항상 기억해야 한다. 가까운 관계는 공동 운명체적인 긴밀성을 함유하고 있다. 애굽을 건지려는 하나님은 자식이 갇혀 있을 때 편히 자지 못하고 아내가 억압되었을 때에 견디지 못하는 것과 같다. 그래서 하나님은 지금 어떻게 그 백성을 해방시키는지 직접 보여 주겠다는 말씀을 하고 있다. 뿐만 아니라 자유케 하고 살아갈 터전을 기업으로 주시겠다는 말씀이다.

모세는 이보다 더 좋은 소식이 없을 것 같아 열심히 전했지만 백성들은 시큰둥했다. 그들이 그럴만한 것은 다름 아니라 "그들의 마음이 상함과 가혹한 노역으로"(9절) 말미암았다고 한다. 그들은 중노동에 완전히 지쳐 있었다. 사람은 몸이 지쳐 쇠약할 대로 쇠약하면 정신마저 흐릿하고 어떤 좋은 소리도 귀에 닿지 않는 것이다. 하나님은 또 모세에게 바로에게 가서 이스라엘 자손을 내보내라고 요구하신다.

그러나 모세의 생각은 좀 달랐다. 백성도 자신의 말을 듣지 않는 판에 어떻게 바로가 자신의 말을 듣겠느냐고 반문한다. 동네북이 따로 없는 것이다. 어딜 가도 먹히지 않을 때는 사라지고만 싶지 않겠는가? 하나님이 뭘 잘 모르시고 계신다고 은근히 생각했을 법하다. 그는 다시 자신의 입이 둔함을 말한다. 하나님의 심부름 정도 하려면 입이 쓸 만해야 한다고 생각했을 것이다.

그렇지만 하나님은 짧은 사람의 생각을 받아들일 분이 아니시다. 이어서 모세와 아론의 조상을 열거하기 위해 몇몇 족속의 조상을 언급하신다. 이런 지파들의 이름들은 모세와 아론의 근원이 레위에 속한 사람임을 강조하기 위한 열거이다. 그러니까 모세와 아론을 설명하기 위한 배경에 해당하는 언급이다. 특히 레위족의 계통을 설명함에 강조점은 아론에게 있다고 볼 수 있다. 그리고 제도화된 제사직을 염두에 두는 말이다. 특이한 말은 이스라엘 자손이 출애굽 시에 노예로 나오는 게 아니라 군대로 나온다는 말이다(26절).

이렇게 모세는 이스라엘 백성을 혹독한 애굽 치하에서 이끌기 위한 정치 작업을 했다. 작은 일 하나를 해도 말이 많은 세상에 민족적인 거사를 앞에 두고 하나님은 모세와 아론을 앞세워 위대한 역사를 이루어 가신다. 하나님의 구원의 역사의 계획과 지도자의 고충 그리고 힘없는 백성의 앞날을 생각하게 된다. 모두가 하나 되어 선한 계획이 어떻게 실현되는가를 보며 오늘의 신앙인의 길을 생각한다.

야훼인 줄 알리라

출애굽기 7장

출애굽 과정의 모든 일은 결국 하나님의 활동이 그 중심에 확고하게 자리 잡고 있다. 드라마에 주연이 있듯이 역사에도 분명 주연이 있음을 부인할 수 없다. 야훼 하나님은 힘없는 백성을 자유하게 하고 구원하시기 위한 장엄한 역사의 주인이다. 그 역사의 일꾼들이 모세이고 그 도우미인 아론이다.

끈질긴 역사의 한 꼭짓점에 바로가 굳게 서 있다. 이를 허물기 위해 하나님은 모세를 세우시고 그의 대언자격인 아론을 동반자로 세우셨다. 하나님은 모세에게 아론을 바로에게 보내서 자신의 말씀을 전하라고 하신다. 물론 사전에 하나님은 바로의 마음을 호락호락하지 않는 강퍅한 마음으로 준비해 놓으셨다. 결국 이스라엘이나 애굽 모두 하나님이 어떤 분인지 알아야 했던 것이다. 어찌 보면 짜인 각본에 모세와 바로는 그 역할을 하는 셈이 아닌가?

하나님은 표징과 이적을 애굽에서 행하심으로 진정 하나님의 모습을 드러내시고 있다. 그 목적은 "내가 내 손을 애굽에 뻗쳐 여러 큰 심판을 내리고 내 군대 내 백성 이스라엘 자손을 그 땅에서 인도하여 낼지라"(4절)고 하신다. 일의 귀결은 너무도 뻔한 일의 계획으로 밝혀지고 있다. 애굽을 치고 거기서 이끌어내심이 아닌가?

문제는 애굽의 절대권자인 바로이다. 그는 말을 듣지 않는다고 한다. 왕이 말을 듣지 않으면 사람으로서는 어찌할 수 없다. 사람들은 바로가 물러서리라고는 생각하지 못했을 것이다. 모세와 아론이 그 앞에 가서 하나님의 명령을 따라 지팡이를 던져 뱀이 되는 이적을 행했을 때에 이에 질세라 바로도 그의 현인과 마술사를 불러 똑같은 일을 행했다. 애굽 안에 그런 정도의 일은 얼마든지 재현할 수 있다고 거드름 피웠을 것이다. 뿐만 아니라 많은 사람들이 그 같은 행위를 함으로 뱀이 되는 일이 일어났다. 여기서 아론은 그들 지팡이를 삼키는 한 차원 높은 일을 함으로 바로의 기를 꺾으려 했던 것이다. 하나님의 기적은 애굽의 마술을 능가하는 놀라운 일이었다.

하지만 바로는 여기서도 물러서는 사람이 아니었다. 이것이 곧 하나님이 바로의 마음을 완악하게 했다는 말이라고 한다. 이로써 일은 점점 깊은 단계로 넘어가고 이른바 열 재앙이 시작된 것이다.

그 첫 번째 재앙은 애굽의 모든 물이 피로 변하는 놀라운 일이다. 실로 물이 피로 변해 버린다면 참으로 심각한 일이 아닐 수 없다. 물이 없으면 하루도 살지 못하는 게 생물인데 물이 피가 되었다니 당장 큰 일이 난 것이다. 이 일은 모세로 나일 강가에 가게 해서 바로를 만나 하나님의 진정한 뜻을 전해서 그대로 행하게 하려 했지만 따라주지 않는데서 일어나게 된 것이다. 모세의 지팡이로 나일 강을 치면 그게 피로 변할 것이며 나일 강의 물고기가 죽고 악취가 나서 애굽인들이 물을 마시지 못한다고 알려 준다. 뿐만 아니라 아론의 지팡이로는 애굽의 물들과 강, 운하, 연못 그리고 모든 호수의 물을 피가 되게 한다고 했다. 실로 이렇게 해서 바로와 그 신하의 목전에서 지팡이를 들어 치니 나일강이 피로 변했다.

이 일은 애굽의 요술사들도 따라 했다고 한다. 그러니 별게 아니라는 태도로 교만함을 보여 주고 있다. 나라 안에 큰 변고가 있음에도 바로는 마음을 고쳐먹지 못하는 어리석음을 보여 준다. 그는 버티기 작전으로 아무런 일이 없다는 듯이 그의 궁으로 돌아가고 관심을 갖지도 않았다고 한다. 그러니 온 나라가 난리가 난 것이다. 당장 먹을 물을 찾는 백성은 답답하기 그지없지 않은가? 그렇게 해서 칠일이 지났다고 한다. 그의 배짱이 얼마나 컸는가를 잘 보여주는 말이다. 그간에 어떻게 살았는지는 말해주지 않아 모르지만 아마도 모든 생물이 난리가 나도 보통 난리가 아니었을 것이다.

가끔 단수가 되어 물이 공급되지 않으면 현대인도 야단법석인데 사방천지가 물대신 피만 있다면 이는 그런 정도가 아니고 상상을 초월하는 무서운 재앙이 아닐 수 없다. 그만큼 바로와 애굽의 지도자들은 독한 모습을 하나님, 모세 그리고 아론 앞에서 보여주고 있다. 이러한 독한 통치자의 덫에 걸려 있는 백성이 히브리 민족이다.

세상의 어떤 힘으로도 그를 물리치고 그 손에서 힘없는 백성을 끌어낸다는 것은 지극히 단순한 희망일 것이다. 하나님은 그만큼 어려운 싸움을 바로와 벌이고 있다. 어려우면 어려울수록 하나님의 능력이 무엇인가를 깨닫게 해 준다. 사람은 할 수 없지만 하나님은 그런 가운데서 자신의 구속 역사를 일구어 가신다.

그래서 하나님은 바로와 모세와 아론과 그 모든 백성들로 하여금 야훼 하나님이 "나를 야훼인 줄 알리라"고 하신 것이다. 이 말은 오늘의 세계에서도 똑같이 적용되는 말씀이다. 구속의 역사 중심에서 계신 하나님이 곧 야훼임을 분명히 알아야 한다.

나를 위해 간구하라

출애굽기 8장

참으로 질긴 사람 중 하나가 바로 왕이다. 그것은 하나님께서 완악하게 하신다는 말에서 이미 드러났지만 그는 눈 앞에 많은 피해를 당하고도 끈질기게 물고 늘어지는 모습을 보여주고 있다. 하나님은 한결같이 "내 백성을 보내라 그들이 나를 섬길 것이니라"(1절, 20절)고 요구하신다.

히브리인들은 바로를 섬길 사람들이 아니라 전능하신 하나님을 섬겨야 할 사람들이다. 이 말씀을 거절하면 개구리를 온 땅에 뒤덮게 하신다고 한다. 개구리들이 강에서 생기고 궁전, 침실, 침상 위, 백성들의 화덕과 떡 반죽까지 뒤덮는다고 모세를 통해서 알려 주신다. 묘하게도 개구리는 애굽의 종교에서는 다산의 능력을 가진다는 신성한 생명력을 상징하는 생물이라 한다. 그래서 '헤케트'라는 개구리 모습의 머리를 가진 여신과 숫양 모습의 머리를 가진 다산의 신 '슈놈'은 짝으로 나일 강물을 해마다 넘치게 하여 풍요를 가져온다고 한다. 말하자면 거룩한 개구리가 혐오감을 일으키는 재앙으로 다가온 것이다. 그들에게 신인 개구리가 하나님의 능력에 당하지 못하고 맥없이 나뒹구는 모습은 참아 보기가 민망했을 것이다.

그런데 여기서도 그는 요술사들을 동원해서 똑같은 일을 하게 하여 자신들의 능력을 과시하려는 객기를 부린다. 바로는 이제 모세와 아론을 불러 하나님께 구하여 백성에게서 개구리를 떠나게 하라고 하면서 "내가 이 백성을 보내리니 그들이 야훼께 제사를 드릴 것이니라"(8절하)고 하였다. 그러나 이 발언도 내키지 않는 마지못한 임시 방패용 조치였던 것이다. 모세와 아론은 이에 따른 재앙을 중지함으로 이 놀라운 능력이 하나님의 사자들 손으로 이루어짐을 보이려 했다. 그래서 모든 개구리들이 있던 곳에서 나와 죽었고 그 썩은 냄새가 참을 수 없을 정도가 되었다.

그러나 바로는 잠시 숨을 돌릴 사이 다른 생각이 들어 약속을 번복한다. 하나님 앞에 선 인간의 고질적 요소가 그런 안일로 자리 잡고 있다. 크고 작은 일상사에서 사람들은 하나님의 요구를 외면하는 실수를 저지른다. 보고도, 약속하고도, 죽을 일을 경험하고도, 숨을 돌리게 되면 언제 그랬느냐는 듯이 바꾸고 마는 인간의 모습을 직시하고 청산해야 한다.

바로는 약속을 어김으로 다음 재앙을 맞게 된다. 이번에는 해충이 덮친 것이다. 아론이 지팡이로 땅의 티끌을 쳤을 때에 애굽의 온 땅의 티끌이 모두 이가 되었다고 한다. 이번에도 요술사로 맞대응했지만 그들은 따라하지 못하고 고백하기를 "하나님의 권능이니이다"라는 뜻밖의 말을 한다. 다시 말해 아론의 배후에는 강한 존재가 계신다는 것을 요술사들이 깨닫고 한 말이다. 그러나 바로는 역시 완악했다고 한다. 바로를 둘러싼 모든 사람이 하나님의 능력을 알았어도 바로만 모르고 고집을 부리고 있다.

하나님은 이의 재앙으로도 깨닫지 못하는 바로에게 다시 파리의 재앙을 내리신다. 하나님은 모세에게 아침 일찍 나일 강으로 나가 바로에게 "내 백성을 보내라 그러면 그들이 나를 섬길 것이니라"(20절하)라고 전하라고 한다. 그렇지 않으면 "파리 떼"를 보내서 애굽 온 땅과 사람들의 집집마다 파리로 가득하리라고 하신다. 그리고 히브리 백성의 사는 곳인 고센은 구별해서 아무 일없게 하시겠다는 말도 잊지 않으신다. 이렇게 함으로 하나님이 야훼인 줄을 알리시겠다는 것이다. 같은 땅이면서도 이렇게 구분해서 재앙이 있고 없는 것은 능력의 하나님을 여실히 보여주는 일이다. 파리가 마침내 들끓어 땅이 황폐하게 된다.

바로는 이제 모세와 아론을 불러 "이 땅에서 너희 하나님께 제사를 드리라"(25절)고 허락한다. 이렇게 말함은 그 백성이 제사를 드리기는 하되 애굽을 떠나서는 안 된다는 말이다. 이를 반대한 모세는 광야로 사흘 길쯤 나가서 하나님께 제사를 드리게 해달라고 하였다. 이에 바로는 멀리 가지 말고 제사를 드리되 "너희는 나를 위하여 간구하라"(28절하)고 한다. 이에 모세는 왕을 위해 간구하겠다는 약속을 하며 왕이 다시는 약속을 뒤집지 말라고 했다.

우리는 여기서 바로의 속마음을 들여다 볼 수는 없지만 형식으로나마 자기를 위한 기도의 부탁으로 하나님을 인정하고 모세를 받아들이는 것을 알게 된다. 모세는 그대로 행했고 파리 떼는 사라졌다. 그런데 바로는 이번에도 한 번 더 버티기로 마음 먹고 모르는 체한다. 마음이 달라진 것이다. 그는 예전 버릇을 고치지 못하고 그들을 보내지 않았다. 바로야말로 고치기 힘든 사람이다. 그는 자신의 불의한 짓을 끊지 못하고 새롭게 되는 일이 얼마나 어려운 사람인지를 잘 보여주고 있다.

없었던 일들

출애굽기 9장

사람이 살면서 재앙을 당해보지 않고서는 재앙의 고통을 잘 모른다고 해도 과언은 아니다. 한 번의 충격으로 평생을 정신적 상처로 인한 고통에서 벗어나지 못하는 사람이 많이 있다. 애굽 사람들은 이런 엄청난 재앙을 한두 번이 아니라 무려 열 번이나 당하고 있다. 그런 신고를 당한 백성이 바로의 완고함 때문에 다시 악질을 당하게 되었다.

하나님께서 모세를 시켜 바로에게 "내 백성을 보내라 그들이 나를 섬길 것이니라"(1절하)는 반복적인 말로 명령을 하고 있다. 백성을 내보내면 모든 일은 해결된다. 그것이 이루어지지 않는 것은 아직도 바로가 하나님이 어떤 분이신지 모른다는 얘기다. 그가 거절하면 집안의 모든 가축에게 "심한 돌림병"(3절)이 있을 것이라 한다. 애굽은 그들이 예배하는 신들 가운데 황소머리, 암소머리, 숫양머리를 한 신들이 있기도 하다. 이런 동물들이 돌림병으로 죽는다면 하나님이 그들의 신들을 죽이기도 하신다는 뜻을 담고 있다. 다시 말해 하나님의 지배를 받는 그들의 신들인 셈이다. 그런 와중에도 이스라엘의 가축은 해를 받지 않는다고 한다. 참으로 신기한 일이 아닐 수 없다. 실제로 그런 일이 다음날 일어났고 여전히 바로의 마음은 변함이 없었다.

그런데 10절이나 25절의 말씀과 함께 생각해 볼 때 6절의 말씀은 좀 이해하기 어렵다. 그리고 연대기에 맞지 않는 언급도 있다. 즉 낙타는 주전 1100년 이후에야 가축으로 사육되기 시작했다는 점이다. 어쨌든 앞의 재앙에 비하여 심각한 수준에 이른 재앙이다. 곧 살아 있는 것들의 생명을 위협하는 것이기 때문이다. 이 정도면 강퍅한 바로도 고집을 부리지 않을 것 같은데 그는 누그러지지 않고 있다.

다시 하나님은 모세와 아론을 불러 화덕의 재 두 움큼을 가지고 바로 목전에서 흩어 뿌리라고 하신다. 그러자 재가 온통 사람과 짐승에게 달라붙어 악성 종기가 생겼다. 옛날에는 왜 그렇게 종기가 많았는지 모른다. 애굽도 그 시대는 종기가 많았음을 보여주는 구절이 있다(신 28:27). 심한 종기를 당한 사람을 보면 눈을 뜨고는 차마 볼 수 없다. 그래도 바로는 매정한 사람인지 끄떡도 하지 않는다. 그는 가히 고래심줄 같은 사람이다.

하나님은 다시 모세로 하여금 바로에게 보내어 하나님을 섬기게 백성을 보내라고 하신다. 그러면서 중요한 말씀을 한다. "온 천하에 나와 같은 자가 없음"(14절)을 알게 한다는 것이다. 강도가 한층 높여진 재앙이 그들에게 임한 것이다. 이른바 돌림병으로 바로와 그 백성을 쳐서 세상에서 끊게 하겠다는 말씀이다. 이제는 바로에게 죽음이 임한 것이다. 그렇게 해서 하나님의 능력을 만 천하에 알리시겠다는 강력한 조치가 아닐 수 없다.

하나님의 이름이 온 천하에 전파되게 함은 알고 보면 모든 재앙의 본래적인 의미에 전적으로 부합하는 말이다. 재앙으로 얻어지는 것은 그 백성을 구하고 하나님이 어떤 분이신가를 만 천하에 알리는 강력한 메시지이다. "내일 이맘 때면 내가 무거운 우박을 내리리니"(18절).

이것은 애굽 건국 이래 한 번도 없었던 일이라고 한다. 실제로 애굽은 우박이 엄청나게 쏟아질 때의 뇌성을 들어 본적이 없어 애굽인을 공포에 몰아넣기에 충분했을 것이다. 하늘에서 포성과 함께 돌덩이가 비같이 내린다면 견딜 것이라곤 없다. 불덩이가 우박에 섞여 내렸다고 한다. 그러니 사람, 짐승, 채소가 녹고 나무가 꺾이며 그야말로 죽음 밖에는 아무것도 남지 않았다. 그런데도 고센에 있는 이스라엘은 고스란히 남아 아무런 일이 없었다고 한다. 이 지경이 되니 바로는 사람을 보내어 모세와 아론에게 잘못을 뉘우치며 간청을 했던 것이다. 뇌성과 우박을 그치게만 하면 그들을 보내겠다는 약속을 하면서 야훼께 빌어달라고 한다. 모세는 바로의 심정을 꿰뚫고 있지만 야훼께 간구하겠다고 한다. 그래서 우박의 재앙이 멈추게 된 것이다.

마치 야훼 하나님과 바로는 술래잡기를 하는 듯이 그때그때 잠시잠시 피하는 바로의 태도를 보여주고 있다. 사람이 다급하면 무슨 수를 써서라도 그것만 벗어나면 살 것 같아 안달을 하지만 목적을 이루면 슬그머니 다른 마음이 생기는 것을 본다. 그러나 바로는 그게 심한 편에 속한다고 하겠다. 그래서 다시 완악한 마음으로 돌아간 바로의 모습만 보인다. 이처럼 약속을 밥 먹듯이 하지만 진정한 깨달음이 없어 더욱 심한 고통을 당할 수밖에 없는 지경에 이르고 있다.

한편 바라보면 악한 자의 고집에서 희생당하는 것은 약한 백성들이지만 드러나는 것은 하나님이 어떤 분이신가 이다. "나의 능력을 네게 보이고 내 이름이 온 천하에 전파되게 하려 하였음이니라"(16절하).

하나님의 능력, 하나님의 명성은 강한 왕의 그것과 비교할 수 없는 놀라운 것이다. 세상의 유력한 자들이 때로는 자신의 힘을 과신하고 하나님을 무시하는 태도는 바로의 태도와 별반 다르지 않다. 우리가 힘을 얻되 진리를 따라 살라고 얻는 것이다. 믿을 바를 믿고 믿지 말아야 할 것은 의지하지 않는 지혜를 갖자.

깊어가는 재앙

출애굽기 10장

재앙이야말로 인간이 견디기 어려운 것이다. 쓰나미 해일로 얼마나 많은 사람들이 희생당하고 고통을 당했던가? 아직도 그들은 후유증과 공포감에서 자유롭지 못할 것이다. 많은 사람들이 정신과 치료에 의존하며 그 악몽을 벗어나려 할 것이다. 한 번 재앙을 겪고 나면 매사에 자신이 없으며 두려움이 항상 주위를 맴돌 것이다. 재앙의 후유증은 참으로 심각하다. 당해보지 않고서는 감히 말하기 힘든 것이다. 바로의 탐욕이 얼마나 많은 사람들을 힘들게 했는가? 부당하게 히브리 백성을 억류하여 비인간적인 노동으로 내모는 잘못된 행위가 결국 하나님의 심판을 받게 된 것이다.

여덟째 재앙은 메뚜기 떼의 엄습이다. 하나님은 또한 표징을 통해서 바로와 신하들 그리고 모든 사람들에게 보여주고자 하신다. 뿐만 아니라 이런 엄청난 표징이 어떻게 일어났는가를 이스라엘 후손들에게도 전해야 한다고 한다. 모세와 아론이 바로에게 가서 하나님의 뜻대로 "내 백성을 보내라 그들이 나를 섬길 것이라"(3절하)고 한다. 중요한 것은 그 백성이 하나님을 섬기는 일이다. 선택된 백성이 하나님을 섬기는 일은 무엇보다 중한 일이 아닌가? 만약 이 요구를 어기면 메뚜기를 바로의 경내까지 들어가 괴롭게 하겠다고 한다. 그래서 메뚜기가 온 지면을 덮어 땅이 보이지 않을 것이며 이전의 우박 피해에서 남은 채소와 나무를 쪼아 먹을 것이라고 하였다.

그래서 사방천지가 메뚜기이다. 오늘날도 중동지방은 종종 적지 않은 메뚜기 떼의 피해를 보고 있다고 한다. 하나님의 역사는 알게 모르게 여러 자연현상을 이용하고 있다. 바로의 신하들은 하나님의 대단함을 알아차렸는지 바로에게 간하기를 그들의 요구를 따라서 하나님을 섬기게 하고 재앙을 면하자고 한다.

마지못해 바로는 모세와 아론에게 허락하면서 "갈 자는 누구누구냐?"(8절하)라고 묻는다. 너무도 잘 아는 문제인데 굳이 갈 자가 누구냐 함은 최소한의 사람만 보내려는 의도가 깔려 있다. 그러니 그들을 붙들어 놓으려는 집착이 얼마나 강한가를 다시 한번 가늠할 수 있다. 모세는 하나님의 절기를 강조하며 "남녀노소와 양과 소"(9절)라고 하여 자신들과 관련된 모든 것을 말하고 있다.

그러나 바로는 어린 아이들은 남기고 장정만 가서 야훼를 섬기라고 한다. 결국 여기서 의견의 차이를 좁히지 못하고 쫓겨나고 만다. 바로의 제안은 아이들을 남기고 가야 히브리 사람들이 다시 돌아올 것이기에 장정만 가라고 한 것이다. 이 제안은 언뜻 보면 희생제의가 남자들만의 일이기에 그럴듯하지만 속셈은 다른 것이다. 결국은 히브리인이 애굽을 떠나서는 안 된다는 말이다. 그 많은 일꾼들을 놓치게 되면 나라의 운영이 어렵기 때문이다.

협상이 결렬된 마당에 다음 단계는 뻔하다. 야훼께서 모세에게 "손을 내밀어"(12절) 메뚜기를 내어 전에 남은 모든 채소마저 먹어버리게 한다. 또 예전처럼 "지팡이를 들매" 동풍이 일고 그 속에 메뚜기를 실어 애굽 온 땅에 뒤덮도록 한다. 메뚜기가 얼마나 많았던지 온 땅을 덮어 어둡게 되었다. 그리고 그것들이 먹을 만한 것들은 모두 먹어치워 푸른 것이라고는 남지 않았고 이제는 사람도 죽을 지경에 이른 것이다. 이에 바로는 모세와 아론을 다시 불러 죄를 고백하고 대신 하나님께 빌어 죽음만은 면하게 해달라고 한다.

모세는 그대로 하여 재앙은 멈추고 바로의 조치를 기다렸지만 바로는 전혀 달라지지 않았다. 분개한 모세에게 하나님은 다시 오셔서 손을 내밀어 애굽 온 땅에 흑암이 덮게 하라고 한다. 그래서 캄캄한 흑암이 삼 일 동안 온 땅에 있었다. 그럼에도 이스라엘 자손이 있는 곳에는 빛이 있었으니 참으로 대조되는 일이다. 어두움 속에서 오래 살아보지 못한 우리로서는 그게 얼마나 견디기 힘든 것인지 잘 모른다.

스페인의 투우 경기가 요즈음 금지법안으로 위기에 몰려 있다고 전한다. 그런데 원형경기장에 풀린 투우가 왜 그토록 사나운가 했는데 전하는 바에 의하면 소를 24시간 캄캄한 어두움 속에 가두었다가 갑자기 풀어 놓으면 미친 듯이 날뛰게 된다고 한다. 일정한 한도 이상의 어두움은 모든 존재로 하여금 견딜 수 없게 하는 것이다. 얼마나 불안하고 불편하겠는가? 마치 창조 이전의 흑암을 연상케 하며 아울러 심판 날의 모습도 생각하게 한다(암 5:18-20).

바로는 모세를 불러서 가되 양과 소는 놓고 어린 아이들만 데리고 가라고 한다. 희생 제사를 드릴 사람들에게 양과 소를 놓고 가라 함은 있을 수 없는 말이다. 모세는 즉각 반발하여 한 마리도 남기고 갈 수 없음을 굳이 말한다. 하나님은 어떤 것을 제물로 선택하실지 모르기 때문이다. 여기서 다시 바로는 마음이 변하여 거절하면서 모세를 향해 다시오면 죽이겠다고 한다. 모세도 이에 응수하며 다시는 당신의 얼굴을 보고 싶지 않다고 끊어 버린다.

이처럼 끝까지 갈 곳을 다 가고 마는 지경에 이른다. 바로는 얼마나 끈질긴 사람인가? 이런 끈질긴 권력자의 손에게 포기하시지 않고 하나님은 그 백성을 구하기 위해 애를 쓰신다. 그 백성의 탄생은 실로 지극히 어려운 지경에서 이루어진 것이다.

하나님이 아니시면 어떻게 그 강한 손에서 벗어나 자유와 구원의 백성이 되겠는가? 열 번이나 지속되는 팽팽한 싸움에서도 결코 물러서지 않는 하나님이시다. 그 어려운 처지에서 하나님의 백성은 탄생한다.

마지막 재앙

출애굽기 11장

온 나라가 죽을 고비를 무려 열 번이나 당했음에도 손들지 않는 그 마음은 도대체 어떤 마음일까? 보통 심장으로서는 그렇게 할 수 없다고 생각한다. 이집트의 피라미드를 보면 그 웅장함이 당대에는 얼마나 위세를 떨치며 살았겠는가를 가늠하면서 바로가 보통 사람은 아니라는 것을 추측하게 한다.

그러나 그러한 사람이라 해도 그는 한낱 인간일 뿐 하나님 앞에서 보잘 것 없는 존재이다. 좀 더 빨리 알아차리고 겸손했다면 그간의 희생은 없었을 것인데 그에게는 그런 지혜를 볼 수 없었다. 하나님께서 모세에게 결정적인 재앙을 알려 주신다. 그러면서 백성들에게 이웃 사람들에게 "은 금 패물"(1절)을 구하라고 한다. 이 말은 무엇일까? 마치 이스라엘 백성이 전쟁에서 승리를 거두고 전리품이라도 거두어 가는 셈인지 아니면 그간의 노동에 대한 삯을 받아가는 것인지 모르겠다.

어쨌든 그들은 애굽인들에게서 은 금 보화를 취하여 돌아간다는 것이다. 하나님의 마지막 결정적인 재앙이 얼마나 위력적이었으면 그런 재물을 취하고 그들의 눈에 부러움을 한 몸에 받으며 당당하게 애굽을 떠나는 것인가? 바로의 신하와 백성의 눈에 아주 위대하게 보였다고 한다. 전쟁이 있은 다음 이긴 편은 보무도 당당하게 환영을 받으며 입성하는 것을 볼 수 있다. 이스라엘 백성은 하나님의 덕으로 그런 으스대는 입장이 되었다.

그러나 이는 모세를 통해 이스라엘 백성에게 미리 알려진 말씀이다. 모세는 바로에게 가서 하나님이 밤중에 애굽에 들어가셔서 애굽 땅의 처음 난 것은 왕자로부터 가축에 이르기까지 모두 죽이겠다고 하신다. 4장 22-23절에 언급한 것처럼 하나님의 장자인 이스라엘에게 가한 바로의 고통은 똑같이 바로의 장자와 그 나라의 모든 첫 새끼를 죽이는 이른바 '동태보복법'에 해당하는 것이 된다. 하나님은 조금도 그 백성이 더 고통을 당하는 것을 참을 수 없는 것이다. 하나님의 백성은 그 사랑 안에 있다면 그 모든 것을 책임져 주시는 하나님의 모습을 보면서 스스로 무엇을 두려워할 것이 없음을 느끼게 한다. 궁극적으로 손해 보는 일이 없다.

문제는 우리가 주안에 거하느냐이다. 오늘은 내가 많은 것을 누리지도 못하고 오늘은 내가 남보다 무엇을 받지도 못했다고 낙망할 것도 없다. 사랑하는 자가 당하는 그 모든 것을 셈하시고 다 갚아주시기 때문이다. 왜 순교자가 그처럼 당당했으며 신실한 신앙인들이 삶의 어려운 조건을 감수하면서도 평안을 느낄 수 있었는가? 하나님의 나라에 대한 소망이 뚜렷하기 때문이다.

원시유명(遠視惟明)이란 말이 있다. 멀리 볼 때 밝다는 말이다. 우리가 눈앞의 현실만 보면 근심걱정이 앞서나 먼 미래를 보면 크고 놀라운 것들이 즐비함을 보게 된다. 다니엘이 사자 굴의 죽음이 무서워 그의 신앙을 포기했다면 그는 하나님의 커다란 축복을 하나도 누리지 못하고 절망했을 것이다. 욥이 온 가정이 파탄 났을 때에 하나님을 버리고 달아났다면 뒤에 오는 그 놀라운 축복을 어떻게 받았을까?

누구나 넘어야 할 산이 있다. 그 산을 신앙으로 이기고 넘어가는 것이다. 신앙의 땀을 흘려야 한다. 바로와 그 백성이 그토록 무서운 일을 당할 때에 이스라엘은 "개 한 마리도 그 혀를 움직이지 아니하리니.."(7절)라고 하여 극과 극을 달리하는 대조적인 모습을 보여주고 있다. 다시 말해 이스라엘에게는 털끝 하나 다치지 않게 하신다는 말을 굳이 덧붙이고 있다. 하나님은 때로 이렇게 양자를 대조적으로 강조하여 말씀 하신다. 바로의 궁에서 이처럼 당당한 모습을 취하던 모세가 궁을 나왔을 때에 하나님이 모세에게 기적을 더하시겠다는 말씀을 듣는다. 이 기적은 비단 바로와 애굽 사람만 보고 느끼는 것이 아니고 모세와 아론 그리고 이스라엘 백성이 보고 배우는 하나님의 역사였다. 어떤 사람은 쓰라린 아픔을 당하면서 배우고 어떤 사람은 아무런 힘도 들이지 않고 알게 된다. 하나님은 이처럼 역사의 한복판에서 위대하신 일을 하시면서 그 백성을 이끌어내는 큰일을 하신다.

집 안으로 들어가라

출애굽기 12장

바로의 반항도 이제 마지막에 이르렀다. 야훼께서 모세와 아론을 불러 어린 양을 잡되 흠 없고 일 년 된 수컷으로 할 것이며 그 피를 집 좌우 문설주와 인방에 바르라고 하신다. 그리고 고기를 불에 굽고 무교병과 쓴 나물을 먹으라 하시면서 다른 지시도 하신다. 특히 먹다 아침까지 남은 것은 불사르라고 하여 더럽혀지지 않도록 단속하신다. 그런데 이를 행함에 마치 금방이라도 달아날 사람처럼 띠를 띠고 신을 신고 지팡이를 잡고 급하게 먹으라고 한다. 마치 전방에서 무슨 작전을 수행하는 군인처럼 급한 모습을 보여주고 있다. 사실 이때는 이스라엘 백성에게 촌각을 다투는 급박한 상황이었다. 이제 막 하나님께서 애굽 땅을 다니며 애굽의 모든 처음 난 것을 소탕하는 찰나였기 때문이다.

그러나 이스라엘에게는 문설주와 인방에 바른 피를 보고 그냥 넘어간다고 한다. 여기서 피는 인식의 표이지 속죄의 수단은 아니다. 그러면서 이날을 기념하여 야훼의 절기를 대대로 지키라고 한다. 이른바 유명한 유월절을 제정한 것이다. 그리고 이어서 무교병을 이레 동안 먹으라고 하신다. 무교병의 유래는 출애굽하는 백성이 어느 겨를이 없어서 급한 나머지 누룩 없이 빵을 만들어 먹은 사례를 기념하는 것이었다. 부풀지 않은 빵이 얼마나 딱딱하고 맛이 없었겠는가? 6·25나 긴급한 역사적 사건에서 흔히 등장한 주먹밥을 연상하게 된다. 무교병은 우리의 주먹밥의 추억과 같다고 해도 될 것이다. 만약에 유교병을 먹는 사람은 이스라엘 회중에서 끊어진다고 한다. 그리고 첫날과 일곱째 날에는 성회가 있어 아무 일도 말라고 한다. 이렇게 무교절을 지켜서 출애굽을 기념하는 것이다.

21절 이하는 다시 재앙을 대비하는 모세의 지시로 시작하고 있다. 양을 잡고 우슬초 묶음으로 피에 적셔 문 인방과 좌우 설주에 발라 아침까지 문 밖에 나가지 말라고 한다. 그러면서 이 일을 규례로 자손만대 지키라고 한다.

29절 이하는 애굽의 처음 난 것들의 죽음과 출애굽 사건이 동시에 이루어짐을 말하고 있다. 그 밤에 애굽에 큰 부르짖음이 있었고 죽임을 당하지 않은 집이 하나도 없었다고 한다. 애굽 온 천지에 곡하는 소리뿐이었을 것이다. 왕이란 백성이 편해야 마음 편히 사는데 백성이 초상집이 되니 죽을 지경이 된 것이다. 아무리 강력한 왕이라도 견딜힘이 없을 것이다. 그는 결국 모세를 불러 백성을 데리고 가도 된다고 한다.

그런데 한 가지 "나를 위하여 축복하라"(32절하)는 말을 부탁한다. 이 말로 바로가 하나님을 인정하고 하나님의 강력하고 유효한 저주를 지금까지 받았음을 간접적으로 인정한 셈이다. 더 이상 5장 2절에서처럼 야훼를 모른다고 말하지 않는다. 하나님의 무서운 역사 안에서 하나님을 알게 된다. 이렇게 하여 모세와 그 백성은 가축들과 함께 애굽을 나오게 되었다.

뿐만 아니라 은금 패물과 의복도 구하여 라암셋을 떠나 숙곳으로 가는데 장정이 육십만 가량이었다고 한다. 그리고 잡족과 양과 소 할 것 없이 수많은 가축이 그들을 따라 갔다고 한다. 이 수는 참으로 많은 수이다. 장정의 수가 육십 만이면 모든 숫자를 따진다면 족히 2~3백만은 되지 않겠는가? 이 거대한 수가 일시에 움직이는 일은 까다로운 학자들에게는 논쟁의 대상이 되기도 한다.

애굽에 거주한 햇수가 사백삼십 년이라는 말도 쉽지 않은 수이다. 이 수는 창세기 15장 16절의 사대 만에 돌아온다는 언급과 조화롭지 못하다. 출애굽기 6장 13-30절은 야곱 자손에서 모세에 이르기까지 4대를 계산하고 있기 때문이다. 쉽지 않은 문제지만 이를 넘어 다른 문제가 우리를 압도하고 있음을 간과해서는 안 된다. 이처럼 하나님께서는 그 백성을 애굽에서 인도하여 내신 것이다. 이 엄청난 사건을 어떻게 이스라엘 백성이 잊을 수 있겠는가?

유월절과 무교절이 융화되어 지켜야 할 이 절기는 엄격한 규정이 있다. 누구나 이스라엘 백성이 된 후에야 먹을 수 있다고 한다. 또한 그 백성이 되는 것은 일정한 규정을 지켜야 했던 것이다. 야훼 하나님은 그 백성을 지키시되 밤을 새워 지켜 주셨다. 하나님은 졸지도 않으시고 주무시지도 않으시며 특별히 지켜 주셨다. 그래서 후대 이스라엘 백성은 이것을 기억하기 위하여 해마다 이날 밤을 '밤새워 지키는' 밤으로 지냈다고 한다. 이 유월절은 오늘날까지도 유대인의 가장 중요한 절기이기도 하다.

야훼 하나님은 밤을 새면서 그 백성을 지키심으로 지극한 사랑을 보이셨다. 오늘의 하나님의 백성도 똑같은 이 사랑을 받으며 살고 있다.

나를 위해 행하신 일

출애굽기 13장

출애굽하는 백성에게는 많은 이적과 기사들이 일어나는 것을 보게 된다. 긴박한 세대에는 모든 일이 긴박하게 돌아가는 법이다. 출애굽한 백성을 향해 하나님께서는 모세를 통해 그 날을 기념하여 유교병을 먹지 말고 또한 처음 난 모든 것을 구별해서 하나님께 돌리라고 하신다. 누룩 없는 빵을 먹는 일도 어렵지만 처음 난 것들을 바침은 대단히 어려운 일일 것이다.

그러나 그 내력을 살펴보면 당연한 일이었으며 그러기에 그 명령을 따르지 않을 수 없는 것이다. 그들이 온갖 고생을 해서 들어가는 땅은 그렇게 만만한 땅이 아니다. 수없는 백성들이 이미 오래전부터 터를 잡고 사는 땅이다. 가나안 사람, 헷 사람, 아모리 사람, 히위 사람, 여부스 사람들이 여기저기 모여 살고 있었다. 그 땅은 이미 하나님께서 조상에게 약속하기를 주시기로 한 것이다. 인간적으로 보아서는 좀 미안하기도 하지만 온 땅의 주인이신 하나님이 주시기로 약속하셨으니 기쁨으로 받아야 하는 것이다. 이 모두가 하나님의 은혜로 이루어지는 일이 아닌가? 그 땅에 들어가면 이레 동안 무교병을 먹고 유교병이란 자취도 없이 하라고 하신다.

그리고 자손들이 묻거든 그 지긋지긋한 애굽에서 나올 때에 하나님이 그들을 위해서 하신 일을 상기시키라고 명하신다. 체험 없는 세대를 위한 교육이기도 하다. 역사적 고비를 경험한 세대와 경험하지 않은 세대는 삶의 태도가 다르다. 그래서 각 나라들은 커다란 역사적 사건을 기념해서 기념관이나 조형물들을 갖추어 후세대를 깨우쳐 주는 것이다. 그에 더하여 과거를 잊지 않고 삶을 경건하게 살아야 하는 것이다.

임진왜란 유적들은 그 시대의 긴박함을 말해주고 6·25 전쟁 기념관은 6·25의 참상을 증언해 준다. 잊지 않고 다시는 그런 비참한 일이 되풀이되지 않도록 정신을 차려야 하는 것이다. 이스라엘에게는 그들이 비록 가나안 젖과 꿀이 흐르는 땅에 살고 있지만 그 모두가 다 하나님이 극적인 기적을 이루어 주셨기에 복된 삶을 산다는 것을 알게 하시려는 의도이다. 지금 그들이 할 일은 자나 깨나 "야훼의 율법이 네 입에 있게"(9절) 하는 것이다. 손의 기호와 미간의 표는 나와 가장 가까운 것을 말한다. 손에 말씀으로 문신을 하고 이마에서 코끝까지 늘어뜨리는 머리장식으로 하나님의 말씀과 나는 뗄 수 없는 관계임을 상징하고 있다. 후대 이스라엘 사람들은 이를 문자적으로 받아서 기도용 가죽 띠 곧 경문을 손과 이마에 감는다.

11절 이하는 가나안 땅에 들어가서 처음 난 것을 하나님께 돌리라고 하면서 나귀의 첫 새끼는 부정한지라 어린 양으로 대속하라고 한다. 나귀의 경우 바치려면 목을 꺾고 사람의 첫 아들도 대속하라고 명하신다. 이로써 바로의 손에서 구하실 때 애굽의 모든 초태생을 죽였기 때문이라고 후일 아들들에게 가르치라고 당부하신다. 이렇게 함으로 처음 난 것에 대한 하나님의 권리를 출애굽 사건과 관련시켜 설명하고 있다.

이제 다시 17절 이하는 이스라엘 백성을 인도하심을 기록하고 있다. 하나님께서 이스라엘 백성을 이끄실 때에 어찌하여 가까운 해안 도로를 택하지 않고 우회하는 길을 택하였는가를 설명해 준다. 전쟁이 있게 되면 마음이 약해져 애굽으로 돌아갈 생각부터 할 것이 뻔하기 때문이었다. 역사적으로 보면 블레셋은 후대의 일인데 블레셋이 등장함은 일종의 연대에 문제가 있다고 하겠다. 하여간 연약한 이스라엘 사람들의 속셈을 아신 하나님이 멀리 돌리셔서 홍해의 광야의 길로 인도 하신다. 이것이 하나님의 생각과 사람들의 생각의 차이라고 본다. 사람들은 흔히 자기가 옳다고 생각해서 그렇게 모든 일이 이루어지기를 바란다. 그래서 그렇게 되지 않았을 때에 불만을 가지며 살아가기도 한다.

그러나 하나님의 생각은 때로 사람의 생각을 따돌리고 엉뚱한 모습으로 이끌어 가시는 것을 더러 보게 된다. 좀 더 깊은 신앙심이 아니면 알 수 없는 일이 얼마나 많은가? 모세는 요셉의 유골을 가지고 길을 나선다. 뼈라도 동족과 함께 하며 하나님의 약속을 받으려는 그 신심을 상기해주고 있다. 일행이 광야의 끝 에담을 지나 낮에는 구름 기둥, 밤에는 불기둥으로 안내를 삼아 안전한 길을 가고 있다. 두 기둥은 당시의 자연환경과 연관해서 이해할 수 있지만 어쨌든 하나님의 놀라운 역사들는 자연현상을 이용하심으로 그 민족을 이끌어 가고 있음을 알 수 있다. 어느 한 대목도 하나님의 빈틈없는 개입이 아니면 살아남을 수 없는 극적인 순간의 연속이다. 이스라엘은 그렇게 구석구석 하나님의 보살핌이 아니면 구원될 수 없는 백성이었음을 알 수 있다.

모두가 하나님의 온전한 구속의 역사의 순간들이다. 민족이 통째로 위기에 내몰려 풍전등화의 처지에 있을 때 빠져 나가는 숨 막히는 순간들의 연속이다. 그 일을 하나님이 하셨다.

영광을 얻을 때

출애굽기 14장

하나님의 구원역사의 정점을 이루는 사건이 일어난다. 감옥과 같은 세계를 벗어나 자유의 땅이며, 약속의 땅을 향해 나아가는 첫 관문이 참으로 극적으로 이루어지는 것을 보게 된다. 있어 본 일도 없고 일어날 수도 없는 놀라운 사건이 하나님의 계획에 의해 일어나고 있다.

야훼께서 모세에게 이르시길 그들이 가기로 마음먹은 길을 갑자기 돌려서 바다와 믹돌 사이의 비하히롯 앞 곧 바알스본의 맞은편 바닷가에 장막을 치라고 한다. 여기 언급되는 지역은 유감스럽게도 지금 확인할 수 없는 곳들이다. 어쨌든 바닷가에 장막을 치니 막다른 지역이 아닐 수 없고 마침 바로는 이를 갇힌 것으로 생각하여 안도의 숨을 쉰다. 하나님은 바로의 마음을 완악하게 마련하시고 모든 것을 내다보고 계신다. 바로는 그들을 뒤따를 것이며 일의 경과를 통해 하나님은 영광을 얻게 되리라고 한다.

하나님의 장중 안에 있지 않은 존재는 아무것도 없다. 이스라엘 백성의 도주는 바로에 알려지고 결국 바로와 신하들의 마음이 변했다고 한다. 우리는 바로가 마음이 수시로 변하는 것을 볼 수 있다. 생명이 위협을 당해도 그 자리를 벗어나면 금방 언제 그랬냐는 듯이 변한다. 한낱 탐욕스런 인간에 불과한 바로는 그러고도 남는 사람이다.

6-7절로 봐서는 모든 병거의 지휘관이 누군지는 확실치 않으나 바로는 자신이 병거를 이끌고 나섰다고 한다. 참으로 급박한 실정을 보여주고 있다. 그가 얼마나 히브리인을 소중한 자산으로 생각하며 살았는가를 잘 보여 준다. 애굽의 일손을 다 잃는 엄청난 손실이 한 순간에 일어나게 된 것이다. 그래서 히브리인이 장막을 치고 있는 해변으로 추격한 것이다. 바로가 그들에게 다가왔음을 안 이스라엘 백성들은 "심히 두려워하여"(10절하) 야훼께 부르짖으며 모세를 원망하기 시작한다. 그들의 말투를 보면 이미 죽은 몸인 것을 인정하는 극도의 불안감을 보여 준다. "애굽에 매장지가 없어서 당신이 우리를 이끌어 내어 이 광야에서 죽게 하느냐?"(11절)로 죽음을 기정사실화 하고 있다.

그러면서 그들은 과거의 일까지 원망하면서 지극히 비겁한 말을 서슴지 않고 있다. "우리를 내버려 두라 우리가 애굽 사람을 섬길 것이라… 애굽 사람을 섬기는 것이 광야에서 죽는 것보다 낫겠노라"(12절). 이로써 최소한의 신앙도 없는 숙명론자들의 자포자기를 보는 듯하다. 출애굽 당시의 이스라엘 사람들을 보면 그야말로 지극히 나약한 불쌍한 사람들이다. 그들은 걸핏하면 남 탓만 하는 패배의식에 사로잡혀 있다. 애굽을 섬길 테니 우리에게서 손을 떼라는 소리는 구원과 자유에 대한 의지가 전혀 없는 사람들의 소리다. 죽음으로서 자유와 구원을 얻겠다는 의지는 하나님의 은혜로 거저 얻는 결과로 바뀌고 있다. 애굽을 섬기고 말겠다는 말로 이스라엘의 존재를 파악할 수 있다. 모세는 이런 백성 앞에서 두려워 말고 가만히 서서 하나님이 오늘 너희를 위하여 행하시는 "구원을 보라"(13절하)고 핵심을 찌르는 말로 회유하고 있다.

이스라엘에게 구원이 이루어지는 것은 오로지 하나님의 역사이지 당사자인 이스라엘은 부지깽이 하나 들지 못하는 못난 사람들이다. 그 구원에 그들이 한 것이 아무것도 없다는 것을 알아야 한다. 모세는 그들에게 그저 가만히 있기만 하라고 한다. 모세는 하나님의 명령을 따라 유서 깊은 지팡이를 들어 손을 바다 위로 내민다. 바다는 갈라지고 마른 땅이 생겨 이스라엘은 맨 땅처럼 바다 가운데를 지난다. 애굽의 군대도 그들의 뒤를 따르며 우왕좌왕하다가 모세가 하나님의 명령으로 다시 손을 바다로 내밀매 물은 순간에 덮쳐서 애굽 군대를 삼키고 만다. 하나도 남지 않았다고 한다. 이스라엘 사람들이 지날 때는 물이 좌우에 벽이 되었는데 애굽인에게는 덮치는 물이 된 것이다. 이스라엘은 물을 건너 육지에 가서야 애굽인의 시체를 보고 하나님이 행하신 "큰 능력"(31절)을 보았다고 한다.

불과 얼마 전에는 다 죽은 사람들이 살게 되었고, 죽이려고 덤비는 병거는 오히려 다 죽어 있는 것을 보고야 하나님의 능력과 영광을 깨닫고 하나님을 경외하고 모세를 믿었다고 한다. 죽고 사는 것이 이렇게 경각에 달려 있다. 사람이 살리고 죽이는 것이 아니라 하나님이 그리하심을 안 백성은 크게 회개하고 이전의 잘 못된 행위를 다시는 되풀이하지 않아야 할 것이다. 하나님은 이렇게 강하다는 애굽 군대와 이스라엘 백성 앞에서 그 영광을 확실하게 보이셨다.

이적 행위에 가까운 이스라엘을 구한 것은 오직 하나님의 영광을 위함이고 그들의 신앙을 위한 위대한 역사였다. 구원은 하나님의 능력으로 이루어지는 것이다. 궁극적으로 우리가 의지해야 할 곳은 하나님의 품 안이지 병거와 마병으로 대표되는 세상의 힘이 아니다.

주의 오른 손의 권능

출애굽기 15장

본 단락은 하나님의 위대한 구원역사를 찬양한 모세의 노래와 유명한 미리암의 찬양시로 되어 있다. 특히 21절의 미리암의 찬양시는 핵심적인 구절이다.

먼저 1-18절의 모세의 노래는 하나님의 애굽에 대한 승리가 다양한 표현 방법을 동원해서 묘사되고 있다. 이 노래의 어휘와 문체는 고풍스러우며 여러 면에서 후기 청동기의 우가릿의 시와 함께하는 특징이 많다. 따라서 성서의 가장 오래된 찬양시에 속한다고 할 것이다. 특히 21절은 짧은 찬양시로 제의의 범위에서 전승되어온 가장 오래된 기원을 가진다고 노트(M. Noth)는 주장한다.

출애굽의 주제도 오경의 다른 전승처럼 처음엔 예배에 사용되면서 지속적으로 예배의 행사에서 거듭 반복되어 불리어지던 것이라고 한다. 모세의 노래도 미리암의 시와 유사하나 찬양의 권고가 아니라 스스로 감사하는 말로 시작하고 있다. 그가 하나님을 찬송하는 것은 지존하신 분으로 말과 그 탄 병사를 바다에서 몰살시키셨다는 점이다. 하나님이 직접 전사로서 전쟁을 수행하여 무서운 적을 패퇴시키신 것이다.

고대 중동의 신화들에도 유사한 전쟁을 수행하는 신들이 흔히 나온다. 어떤 형태로 관련이 있는지를 살피는 것은 흥미로운 일이지만 어쨌든 하나님은 직접 전쟁을 수행하여 확실하게 적을 수장했다. 그에 근거하여 모세는 고백적 찬양을 하는데 그 표현들이 풍부한 내용을 담고 있다. 여기서 주목해야 할 것은 하나님의 직접적인 행동이 그 근본이지 찬양하는 사람들의 감정이 주가 아니다. 그들의 말은 그 행위에 비하면 한낱 작은 표현에 불과한 것이다.

야훼의 오른손의 권능으로 그 영광을 나타내시고 오른손이 원수를 부수셨다고 한다. "주의 오른손"은 구약에서 흔히 대적할 수 없는 힘의 상징이다. 저들이 아무리 강하다고 자랑해도 하나님의 진노 앞에서 불속에 던져진 검부라기에 불과하다. 주의 콧김(루아흐)은 하찮은 사람의 그것과는 달리 바다의 썰물과 밀물을 일으키는 바람처럼 출애굽에서 물 벽을 만들고 덮치는 위력을 발한다.

장자의 「소요유」편에 다음과 같은 얘기가 있다. 북녘 바다의 큰 물고기인 곤(鯤)은 그 크기가 몇 천리나 되는데 이것이 변하여 새가 되면 붕(鵬)이 된다. 붕의 등은 수천 리를 넘어 힘 있게 날아오르면 그 날개가 하늘을 가득 채우는 구름과 같다고 한다. 그러니 한 번 움직여 대풍이 일면 이를 타고 남쪽 바다로 가며 이것이 곧 천지라고 한다.

허망한 얘기지만 본문에 나타난 하나님의 오른손과 콧김이야말로 그런 정도가 아니다. 천지를 뒤흔드는 능력 중의 능력인 것이다. "주께서 바람을 일으키시매 바다가 그들을 덮으니…"(10절)라고 한다. 모세는 감탄하고 있다. "야훼여 신 중에 주와 같은 자가 누구니이까…"(11절). 그의 영광과 위엄은 놀라우며 그런 기이한 일을 누가 하겠는가고 감탄한다. 주께서 오른손을 드시니 땅이 그들을 삼

켰다고 한다(12절).

바다와 땅과 온 천지를 마음대로 쓰시는 그분은 어떤 분이냐고 찬양한다. 그 놀라운 능력으로 다름 아닌 이스라엘 백성을 구속하신다. 그들을 위하시는 힘은 그 어떤 세력으로도 당할 수 없는 위대한 것이다. 그것은 그들로 하여금 "주의 거룩한 처소"에 들어가게 하시려는 뜻이 있다.

바다에서 이룬 놀라운 구원 속에는 하나님의 처소로 삼을 예루살렘의 시온을 향한 원대한 계획이 숨어 있다. 이 원대한 계획에는 어떤 장애도 있을 수 없다. 처음으로 만나게 될 블레셋에게는 두려움이 될 것이며 통과하게 될 에돔의 왕은 놀라고 모압의 영웅도 떨게 될 것이며 가나안 사람들이 다 낙담할 것이다. 애굽을 물리친 하나님 앞에서 그 어떤 나라도 대적으로 나설 수 없는 것이다.

그들은 돌처럼 침묵한다고 한다. 그 목적은 주께서 사신 백성을 인도하사 "주의 기업의 산에"(17절) 심고자 그런 것이다. 그들이 처음 차지한 땅은 산악지대로 야훼의 거처로 이스라엘이 차지할 것이며 하나님의 성전을 하나님의 처소로 삼고 거기에 그 백성을 심으며 영원토록 하나님이 다스리시도록 하기 위함이다. 그들은 야훼의 소유이다. 미리암은 황홀경을 체험하는 선지자로 사람들 앞에서 손에 소고를 들고 하나님 찬양을 선창한다. 여기 아론의 누이라고 하는 것을 보아 모세와 관련을 지우는 것은 후대적 산물로 말하는 사람도 있다(노트).

전쟁에서 승리하고 개선하는 장정들을 환영하는 여인들의 행사를 그대로 보여주면서 하는 찬양시가 고풍스럽게 등장한다. "너희는 야훼를 찬송하라 그는 높고 영화로우심이요 말과 그 탄 자를 바다에 던지셨음이로다"(21절). 환영의 대상은 누구인가? 병사들이 아니라 진정한 용사이신 하나님이다.

22절 이하는 이제 광야에서 만나게 되는 일화들이다. 마라와 엘

림 등 지역은 어느 것도 확인할 수 없는 이름들이다. 그들은 사흘 길을 걸었지만 마실 물을 얻지 못해 죽을 지경이다. 마라라는 곳에 이르렀지만 그곳의 물은 써서 마실 수 없다고 한다. 이제 구원의 감격도 사라지고 모세를 원망하기 시작한다. 원망은 도상의 주제로 그 화살이 모세를 향했지만 궁극적으로는 하나님을 향하고 있다. 하나님은 모세로 하여금 나무를 던져 물을 먹게 한다. 여기서 그들은 갈증의 해소로 끝날게 아니라 누가 물을 주어 살리셨는가에 깨달음이 있어야 했다.

그러나 흥분하기 바쁜 백성들은 깊은 생각에 이를 지혜가 없었다. 하나님은 그 백성을 거기서 시험하셨다고 한다. 신명기적 후첨인 25절하반절과 26절은 순종에 따른 재앙의 면제를 언급하면서 야훼가 치료하시는 분이라고 한다. 어려운 삶의 문제를 당할 때마다 느껴온 그들로서는 이 말을 귀담아 듣고 지혜롭게 하나님 편에서 살아야 한다는 말이다.

그리하여 이스라엘의 웰빙(Well-being)은 전적으로 하나님께 달려 있음을 가르쳐 주고 있다. 바야흐로 시작되는 광야의 생활에서 과연 그들은 무엇을 깨달으며 하나님과 동행하게 될지 궁금하다.

욕심 부림의 결과

출애굽기 16장

광야에 들어선 이스라엘 백성은 엘림을 떠나 시내산으로 가는 중에 신 광야에 이르게 되니 벌써 집을 나온 지 달포를 지나고 있었다. 점점 지치고 힘들어지고 있다. 아니나 다를까 이스라엘 모든 사람들이 지도자를 '원망' 하면서 차라리 애굽에 있었을 때에 고기 가마와 떡을 먹다가 죽을 것을 그랬다고 후회한다. 배고픈 사람들이 하는 말로써는 어쩔 수 없는 말인지도 모른다.

그러나 이 말은 지극히 낭만적인 표현일 뿐이다. 고달픈 사람에게 과거는 아름다운 법이다. 애굽에서 강제 노동자로 살면서 고기가 끓는 가마솥 곁에 있었다는 것은 실없는 소리이다. 지금처럼 광야에서 먹을 것을 걱정하는 처지가 아니었음은 사실이다. 그들은 애굽을 벗어남으로 자유라는 귀중한 것을 얻었다. 그러나 배가 고파서 꿈에도 그리던 자유의 소중함을 깨닫지 못한 것이다. 자유가 중한가 아니면 자유 대신에 안락이 중한가는 여간 깨달음이 없는 사람은 터득하지 못한다. 서양 속담에 안락을 위해 자유를 파는 기회주의를 고기가마로 표현한 것이 있다. 하루를 살아도 자유 없는 비인간적인 삶은 진정한 인간의 삶이 아니다.

입만 열면 원망하는 이스라엘에게 하나님은 말씀하신다. "내가 너희를 위하여 하늘에서 양식을 비 같이 내리리니…"(4절)라고 약속하신다. 시편 기자는 이를 '하늘의 양식', '천사들을 양식'이라 하고 바울은 '영적 양식'이라는 표현으로 만나를 말하고 있다. 그러나 아직 신적 개념으로 성숙한 단계가 아님을 감안하면 만나가 비나 이슬처럼 땅 위에 떨어지는 것을 의미한다고 볼 수 있다. 바로 이 만나가 원망에 대한 하나님의 응답이었다. 이런 구제책을 통해서 출애굽이 하나님의 위대한 행위이며 그 영광이 이스라엘의 가는 길에 수없이 등장할 것을 깨닫게 될 것이라고 한다.

사실 야훼가 이스라엘을 애굽에서 인도하여 낸 것을 아는 일은 중요한 일이다. 거기에 무슨 '원망'이 있을 수 있겠는가? 이스라엘은 하나님 앞에서 배은망덕한 모습이 아닌가? 하나님은 그래도 참으시어 모세로 하여금 아침저녁으로 떡과 고기로 배불리시리라 약속한다. 어쩌면 하나님은 이스라엘을 버릇없이 가르치시고 있는지 모른다. 그렇게라도 하여 그들이 하나님을 참으로 깨닫는다면 얼마나 좋겠는가? 이것이 하나님의 마음이다. 아닌 게 아니라 저녁에는 메추라기가 내리고 아침에는 이슬이 내리는데 이게 말라서 만나가 되었던 것이다.

그런데 한 가지 중요한 사실은 사람마다 만나를 거두되 "먹을 만큼만"(16절) 거두어야 한다는 것이다. 여기 메추라기에 대해서는 자세한 언급이 없어 한 번만 온 것인지 아니면 매일 내린 것인지 분명하지 않은 반면에 만나에 대해서는 자세히 언급하고 있는 것으로 보아 만나가 중심임을 알 수 있다. 사람들은 희한한 것이 좋은 먹을거리가 됨을 알고 "이것이 무엇이냐?"는 놀라움에서 그대로 이름이 된 만나를 얻게 된 것이다.

사실 오늘날도 만나로 추정되는 것을 시내반도 내륙 지방에서 볼 수 있는데 이 지역에 사는 유목민들은 이를 만(mann)이라 부른다고 한다. 이 만은 사막에서 자라는 나무 잎사귀에 맺히는 이슬 모양의 형성물로 어떤 벌레의 침(針)을 통해 나오는 분비물에서 생성되어 나뭇잎에 맺혔다가 땅으로 떨어진다고 한다. 이것이 밤에 기온이 내려가면 굳어져서 사람들이 주울 수 있다고 한다. 낮에는 온도가 올라가 녹으므로 아침에 줍기 좋고 맛이 달아서 식량이 부족한 사막지역에서는 즐겨 식량으로 사용한다고 한다.

야훼 하나님은 이스라엘을 만나로 먹이셨다. 그들은 이 만나를 욕심 부려 주워서는 안 되었다. 많이 거두어도 적게 거두어도 천막 안에 같이 사는 식구들에게 필요한 양만큼만 모았음을 알게 된다는 것이다. 특별한 일이 아닐 수 없다. 그들이 알아야 할 것은 하나님은 당장 필요한 만큼만, 즉 '일용할 양식' 만을 주시지 많이도 적게도 주시지 않는다는 것이다(17-18절). '내일 만나가 내리지 않으면 어쩌지?' 하는 걱정은 주시는 분에 대한 믿음이 적은 표시이다. "내일 일은 내일 해결된다"는 것은 곧 하나님은 매일 필요한 것을 주신다는 말이다. 순종하지 않는 자들은 여분을 비축하려 했던 것이다. 20절에 "벌레가 생기고 냄새가 난지라"고 하였다. 그들에게 모세는 화를 냈다.

하나님의 말씀을 순종하지 못하는 믿음 없는 태도가 그의 화를 부른 것이다. 생각이 많고 똑똑하고 교만한 사람이 믿음을 갖는 것은 매우 어렵다. 필요 이상으로 욕심 부리는 것은 하나님의 뜻이 아니며 반신앙의 표이다. 내 안에 썩어질 것을 많이 가지고 하나님께 나아간다는 것은 빈 말이다. 만나가 없으면 죽지만 많아도 죽는 것이다. 하나님이 우리의 매일 필요한 것을 주신다. 일곱째 날을 위해 쉬는 안식일을 위해 갑절의 식물을 간수하라고 하신다. 안식일을 위한 배려로 철저히 지켜야 할 일인데 이를 어기고 밖에 나가 거두려는 욕심은 다시 하나님을 실망시키는 행위였다.

모세는 항아리를 준비하여 만나를 보관해서 대대로 하나님이 광야에서 그 백성을 먹이신 것을 기념하라고 한다. 이렇게 해서 유월절이 출애굽을 상기시켰듯이 만나 항아리는 광야시대를 기억하게 했다. 주먹밥을 통해 어려움을 이겨낸 사건을 기억하듯이 이스라엘에게 만나 항아리는 백성을 살리신 하나님을 기억하는 좋은 가르침의 상징이었다. 누구나 한 세상을 사는 인간으로 오고 또 가지만 생명의 여부는 하나님을 아는 지혜를 통하지 않고는 있을 수 없음을 잊지 않아야 한다.

사람은 가진 것으로 사는 것 같지만 진정 하나님이 주시는 "일용할 양식"으로 산다.

원망도 껴안으시는 하나님

출애굽기 17장

천신만고 끝에 이스라엘 백성들은 광야의 길을 진행한다. 그들이 다다른 곳은 르비딤이었다. 확인되지 않는 이곳에서 그들은 심각한 난관에 봉착한다. 이번에도 그들은 여지없이 모세에게 달려들고 만다. "우리에게 물을 주어 마시게 하라!"(2절) 물이 없는 것은 참으로 큰 일이 아닐 수 없다.

그러나 문제가 있을 때마다 모세에게 달려들어 죽일 듯이 하는 것은 문제가 아닌가? 그렇다고 모세가 무슨 해결사도 아닌데 같은 인간으로서 무슨 특별한 것이 있어서 그러는지 모를 일이다. 모세는 답답한 나머지 "너희가 어찌하여 나와 다투느냐 너희가 어찌하여 야훼를 시험하느냐?"(2절)면서 되받아 묻고 있다. 평소에 그들은 모세에게 그럴 만한 대우를 해본 적이 있었는지? 그러나 오죽 답답했으면 그렇게 대들며 요구했겠는가라는 생각도 해본다.

근자에 아프리카에서 물이 없어서 사람들이 힘들어 하는 모습을 티브이에서 보면서 사람에게 물이 얼마나 긴요한 것인가를 새삼 깨달았다. 사람이 사는데 있어서 빼고 빼도 마지막까지 뺄 수 없는 것이 있다면 그것은 물일 것이다. 오열염천에 물 없으면 죽는다. 물이 없어 "우리와 우리 자녀와 우리 가축이 목말라 죽게 하느냐"(3절하)고 따진다. 애굽에서는 아무리 어려워도 물 때문에 걱정 해본 적이 없었는데 여기서는 물을 먹지 못해 죽게 되었으니 책임을 지라는 식이다. 모세는 어찌할 수 없어 하나님께 나아가 "내가 이 백성에게 어떻게 하리이까?"(4절)라고 진정한다.

이런 간구에 하나님은 나일 강에서 사용한 기적의 지팡이로 장로들이 보는 앞에서 반석을 치라고 한다. 그리고 말씀대로 물을 얻고 소원하는 바를 풀게 된다. 이런 일련의 사건을 기념하여 모세는 이를 맛사 또는 므리바라고 불렀다. 이는 다툼과 시험을 상징하는 말의 명칭이다. 바로 이 놀라운 사건을 목격한 사람들은 하나님이 무엇을 행하셨는가를 증언해야 할 사람들이다.

하나의 문제가 사라지자 이제는 새로운 일이 벌어진다. 다름 아닌 아말렉 사람들의 공격이다. 가뜩이나 광야길에서 지쳐 있는데 약탈하는 반유목인들이 얼마나 그들에게 힘들었겠는가? 모세는 여호수아를 시켜 싸움에 나아가게 하고 자신은 하나님의 지팡이로 산꼭대기에 서겠다고 하였다. 하나님께서 그에게 그런 명령을 한 적도 없는데 모세는 대뜸 그런 계획을 세우는 것을 볼 때 난해한 부분이 아닐 수 없다.

그러나 여기서도 모세의 일이 아니고 하나님의 하시는 일임을 보게 된다. 산꼭대기에 올라간 모세가 손을 들었을 때에 이스라엘이 이기지만 내리면 그 반대의 현상이 일어난다. 마치 마술이라도 보는 느낌이다. 여기서 야훼 하나님은 전혀 언급되고 있지 않다. 그래서 마치 모세에게서 어떤 신비한 힘이 솟아나와 그 힘이 퍼져 산 아래의 이스라엘 군대에게 이른 것처럼 보인다. 그런 능력을 힘입었음에도 불구하고 아말렉과의 싸움이 대단히 어려웠음을 알게 된다. 해가

지도록 싸웠다하니 얼마나 막상막하의 전쟁이었는가?

모세가 홀로 손을 들고 있는 것만으로는 쉽게 끝날 전쟁이 아니어서 아론과 훌에게 손을 받치고 있게 했던 것이다. 그럴 때에 여호수아가 비로소 그들을 무찌를 수 있었다. 이스라엘이 제 힘으로만 싸운다면 약탈전에 능숙한 아말렉을 이기지 못했을 것이다(민 14:41-45 참조). 다시 한번 하나님의 도우심과 승리를 보게 되는 사건이다.

전쟁이 끝난 다음 하나님은 모세에게 일러 이를 책에 기록하고 여호수아에게 외우게 하라고 말씀하신다. 악명 높은 아말렉을 없이 하신 분이 곧 하나님이심을 마음에 새겨야 했던 것이다. "천하에서 기억도 못하게 하리라"(14절하)고 한다. 모세는 이를 기념하여 야훼 닛시(야훼는 나의 군기)라는 이름을 붙인다. 하나님이 아말렉과 대대로 싸우시고 이기시는 모습을 그 역사를 통해 보이고자 하신다.

여기서 우리는 아말렉과 하나님의 특별한 적대 관계가 어떻게 이루어지는가를 보게 된다. 그러니 하나님의 백성의 가는 길에 끝까지 괴롭히는 모습은 당연했는지 모른다. 출애굽한 백성들에게 그 앞날이 이처럼 험난한 일이 수없이 다가온다. 그들은 그 가는 길에서 어떤 태도를 취했으며 하나님은 그런 백성을 또한 어떻게 인도하시는가를 현실의 문제를 통해서 역력히 보여 주신다.

참을성 없는 백성, 믿음이 부족한 백성의 다듬어지지 않은 성정과 탕자를 고이 받아 주시는 아버지의 모습이 대조적으로 교차하고 있다. 그런 하나님 아버지 앞에 서있는 오늘의 우리들이다.

이드로의 도움

출애굽기 18장

모세는 하나님의 부르심으로 많은 일을 하지만 또한 그 주변 사람들을 적절히 이용하는 것도 본다. 아론과 미리암, 여호수아, 갈렙 그리고 본문의 장인인 이드로까지도 그의 사역을 위한 도움자로 등장하고 있다.

장인 이드로는 구약성서에서 몇 가지 이름으로 나오는 사람이다. 그는 미디안 족속의 제사장이라고 한다. 모세가 어려운 일이 있을 때 도피한 지역에서 이드로의 딸과 결혼해서 두 아들 게르솜과 엘리에셀을 두었다. 이제 모세는 어느덧 광야의 어느 지역에서 장인과 그의 처자식을 만난다. 그곳의 정확한 지점을 확인할 수는 없으나 다만 하나님의 산이라고 소개한다. 장인과 식구를 만났으니 얼마나 기뻤겠는가? 하나님의 사역으로 제대로 가정을 돌보지 못한 처지이지만 그도 사람인지라 가족을 대하니 반갑기 그지없을 것이다. 그런 사적인 얘기는 없지만 내심 한없이 좋았을 것이다.

장인을 만난 모세는 회포를 풀며 하나님이 그간 이스라엘 백성을 위해 하신 놀라운 일을 설명한다. 그리고 아말렉처럼 도상에서 괴로웠던 일들을 또한 말한다. 이를 들은 이드로는 야훼 하나님이 이스라엘을 향해서 하신 은혜로운 일로 말미암아 기뻐했다고 한다. 그는 아마도 야훼 하나님을 믿는 사람인 것 같다. 그래서 대뜸 이 일로 찬송과 신앙고백을 하지 않았겠는가?

10절과 11절의 구절이 그의 신앙고백이다. 애굽과 바로의 손에서 이스라엘을 구원하셨음을 찬송하는 내용이다. 이로 말미암아 야훼가 모든 신들보다 뛰어난 신임을 확인한다. 애굽 사람도 얼마나 많은 신들을 섬기는 사람들인가? 세상 곳곳에 족속마다 신들을 섬기지만 이스라엘을 구원하신 야훼 같은 신은 없다고 못 박고 있다. 그리고는 번제와 희생제물을 하나님께 드린다. 이드로가 야훼 하나님을 섬기는 중요한 내용을 말하고 있다. 하나님은 이렇게 역사적 사건을 통해서 그가 어떤 분이신가를 확인해 주시고 찬송 받으시는 분이다.

이제 이야기는 모세의 일상적인 일로 다시 돌아간다. 모세는 지금까지 모든 일들을 혼자 도맡아 하다시피 하였다. 얼마나 힘들게 하루하루를 살아왔겠는가? 특별히 사람과 사람 사이에 다툼이 일어날 때마다 이를 조정하는 일은 결코 쉬운 일이 아니다. 여느 날처럼 그는 아침부터 재판석에 앉아 사건을 처리하고 있었다. 그게 짧은 시간에 끝나는 일이 아니라 참으로 복잡하여 저녁까지 이르는 어려운 일들이었다. 이것을 곁에서 본 장인은 모세가 너무도 힘들어 보였다.

말을 듣고 판단하고 심리하고 말하고 시행하는 그 모든 과정이 여간 복잡한 일이 아니었다. 그런 사위를 본 장인은 "어찌 됩이냐 어찌하여…"(14절)라고 탄식한다. 그럴 수 없다는 말이다. 그는 하나님의 법도와 율례로 그 모든 민사적 문제를 판결하는 일도 해야 했던 것이다. 이에 장인은 모세가 어리석게 일처리 하는 것을 깨닫고 다음과 같은 제안을 한다.

21절에 보면 첫째, 능력 있는 사람들 곧 하나님을 두려워하는 자 둘째, 진실한 사람들 셋째, 불의한 이익을 미워하는 자들을 선택해서 그 능력대로 천부장, 백부장, 오십부장, 십부장으로 삼으라 한다. 다시 말해 중간 관리층을 만들어 과감하게 위임할 만한 일들을 아래로 넘기라고 한 것이다. 이른바 건국 초기 관리제도의 도입인 셈이다.

그런데 이 체제를 보면 다분히 중동에서 있었던 군대 지휘관체제와 흡사함을 보게 된다. 오늘 우리 군대도 분대장, 소대장, 중대장, 연대장, 사단장… 등으로 구분하고 있지 않은가? 그래서 일을 "큰 일"과 "작은 일"(22절)로 나누어서 큰 일은 모세가 작은 일은 부장들이 하라는 것이다. 여기서 큰 일은 하나님의 제의에 관한 일이고 작은 일은 백성들의 일상에 관한 민사의 일을 말한다.

다시 말해 모세는 하나님의 제의에 관련한 중한 일만 보고 나머지 민사의 판단은 아랫 사람들이 하도록 분리해 주었던 것이다. 그가 하는 일은 "하나님이 너와 함께 계실지로다"(19절)로 곧 하나님과의 교통을 의미하는 것이다. 사람의 판단이 아니라 하나님의 자문을 듣고 하는 재판의 중대성을 의미하고 있는 것이다. 하나님께 여쭈어 보는 어려운 사건은 그가 하지만 그 나머지 자잘한 일은 유능한 사람들을 선발해서 처리하도록 획기적인 제도가 이루어진 것이다.

그렇게 함으로 모세는 적지만 중대한 일에 집중해서 신속하게 처리하고 이로 인해 여타의 일도 감당하는 여유를 얻게 된 것이다. 모세도 좋고 백성도 일처리가 빨라서 좋게 되었다. 이것은 대법원에서 모든 일을 처리하다가 마침내 고등법원, 지방법원, 지원이 생겨서 모든 소송인들이 한쪽에 몰리지 않고 각기 알맞은 재판소에서 일을 보는 것과 같은 이치이다. 모세는 장인을 만나 그 무거운 짐을 덜고 이제는 일을 효과적으로 처리하는 체제를 비로소 갖추게 되었으니 얼마나 가벼운 마음이겠는가? 이런 큰 일을 하고 장인은 마침내 그 고향으로 돌아간다. 우리는 이렇게 초기의 사회체제가 무질서에서 점점 질서를 잡아가는 것을 볼 수 있다. 하나님의 일도 질서있게 효과적으로 적절하게 함으로 해가 없는 것이다.

아울러 좋은 일을 함에 남을 믿지 못하고 홀로 해야만 한다고 생각하지 말자. 좋은 일은 남과 같이 함이 좋다. 함께 선으로 나아감은 더없이 좋다. 독선은 아니다. 내가 열심으로 노력하고 배우는 것은 남과 함께 선으로 나가기 위함이다.

계약 백성

출애굽기 19장

하나님과 언약을 맺고 그 백성이 된다고 하는 것은 특별한 은혜와 사랑을 받은 사람과 백성임을 말한다.

19장 이하에서 이런 사실을 언급하고 있다. 애굽을 떠나 르비딤에 이르고 다시 시내 광야에 이르러 산 앞에 장막을 쳤다. 다시 말해 시내산 앞에 진을 친 것이다. 이곳은 참으로 하나님의 백성이 되는 의미 있는 곳이다. 그들의 힘든 여정의 목적지 중 하나인 셈이다. 감격적인 곳이 아닐 수 없다. 하나님께서 역사적인 장소에 현현하사 모세에게 말씀하시기를 그간 행한 일과 독수리 날개같이 강한 힘으로 업어 하나님께 인도하심을 보았다고 한다. 그리고 아울러 모든 세계는 다 하나님 것인데 그중에 이스라엘만 택하여 언약을 맺고 소유로 하셨다고 한다. 이는 다름 아닌 제사장 나라가 되고 거룩한 백성임을 말하고 이를 대대로 전해야 하는 것이다.

그런데 여기에는 조건이 있는데 하나님의 언약을 지키는 것이다. 보잘것없는 사람들에게 베푸신 순수한 하나님의 사랑에 상응하는 이스라엘의 삶의 태도이다. 이것은 의무이기 전에 자발적인 감사의 삶이다. 제사장처럼 헌신하고 거룩한 삶을 살아야 한다. 이스라엘은 거룩한 백성으로 하나님께 속하며 모든 백성이 하나님의 소유지만 그중에도 이스라엘은 가장 값진 소유로 정해진 것이다. 때문에 이스라엘 백성의 순종하는 삶은 하나님의 소유의 확증이다. 이는 말씀을 듣고 따름이 얼마나 소중한가를 말해주고 있다.

산에 오른 모세가 이 말씀을 듣고 내려와서 장로들에게 말했을 때 "백성이 일제히 응답하여 이르되 야훼께서 명령하신 대로 우리가 다 행하리이다"(8절)라고 한다. 명령대로 모두 행한다는 다짐은 백성의 가장 온전한 대답이다. 아마 모세는 스스로도 하기 어려운 이런 대답에 마음이 흡족해서 하나님께로 가서 이 사실을 전했을 것이다. 이제 이야기는 더 진행하여 하나님이 모세로 하여금 그들을 성결하게 하고 옷을 빨아 입고 기다리라고 하신다. 참으로 정결한 가운데 중대한 일이 일어남을 예고하는 듯하다.

셋째 날에 시내산에 임하실 하나님은 모든 경계를 삼엄하게 할 것을 이르신다. 이를 범하는 자가 있다면 그는 죽임을 면할 수 없음을 분명하게 말씀한다. 섬뜩한 말이 아닐 수 없다. 드디어 셋째 날에 우레와 번개와 빽빽한 구름을 동반한 나팔 소리가 진중에 울려 퍼질 때에 백성들이 떨고 있었다.

하나님의 현현에 나타나는 현상은 참으로 장엄하고 놀라운 모습임을 다시 한번 보여준다. 하나님이 불 가운데 강림하실 때 용광로의 연통처럼 연기가 피어오른다고 한다. 그리고 하나님이 말씀하시니 모세는 산꼭대기로 올라간다. 이때 하나님이 모세에게 당부하시기를 백성이 함부로 야훼 하나님을 가까이 와서 보려 하다가는 죽는다고 하신다. 또한 제사장들도 몸을 성결히 하지 않고서는 그 같은 화를 당한다고 경고하신다. 이런 말씀들은 모두 하나님 앞에서 삼가 성결하게 하지 않고서는 용납되지 못함을 일러 주신 것이다.

이런 당부를 들은 모세는 형 아론과 함께 함께 올라가고 제사장들과 백성들은 산 아래에 남게 하였다. 참으로 엄격한 명령이 아닐 수 없다. 누구나 하나님의 거룩하심을 가벼이 보아서는 안 되는 것이다. 헬라 신화에서도 흔히 이런 엄률이 있어 신전에 함부로 들어가지 못하는 것을 본다. 하물며 창조주 하나님의 앞에서야 더 말할 필요가 없을 것이다. 예수 그리스도로 말미암아 우리가 하나님께 가까이 하게 됨은 말할 수 없는 은혜이다.

그럼에도 구약의 말씀이 전하는 이 말씀은 오늘의 세대에서 어떻게 받아들임이 좋은가를 곰곰이 따져봐야 할 것이다. 거룩한 성소가 사람들의 준비되지 않은 속된 마음으로 습관대로 생각 없이 마음대로 오르고 내려도 되는지 심각하게 고려해야 할 것이다. 그런 의미에서 예전의 바른 모습을 지키고 무례한 의식이 되지 않도록 삼가야 할 것이다. 바울이 말한 자유가 과연 그런 자유를 두고 하는 말인지 아니면 다른 차원의 자유를 말하는지 고민해야 한다.

어느 시대 어느 곳을 막론하고 경건한 마음이 없는 임의로운 자유는 방종과 다르지 않을 것이기 때문이다. 하나님은 하나님이시고 인간은 인간일 뿐이다.

자유의 선물

출애굽기 20장

십계명은 이스라엘 백성에게 특별하게 주신 하나님의 선물이다. 하나님께서 얼마나 깊이 생각하셔서 주신 것인지는 그들의 역사를 통해서 여실히 보여 주신다. 흔히 사람들은 구약의 율법은 사람을 부자연스럽게 하는 억압의 이미지로 받기 쉬우나 그 깊은 곳에 이르면 진정 그 반대임을 깨닫게 된다. 혜택을 많이 받은 사람이 흔히 자기 할 바에 대해서는 인색하기 쉽다. 욕심쟁이는 부족한 데서 나오기보다는 풍족한 상황에서 많이 나온다.

20장의 서두에는 하나님께서 자신을 소개하는 모습으로 시작하고 있다. "나는 너를 애굽 땅, 종 되었던 집에서 인도하여 낸 네 하나님 야훼니라"(2절). 여기에 천만가지의 은혜가 모두 포함되어 있다. 이것은 과거만이 아니라 앞으로도 언제까지나 베푸실 사랑을 동시에 암시하는 구원의 큰 말이다. 이제 그에 상응하는 그 백성됨의 표징이 제시되고 있다. 먼저 "너는 나 외에는 다른 신들을 네게 두지 말라"(3절)라고 한다. 가장 기본적인 계명으로 "너"라고 하는 말로서 구체화하여 강조한다. 당시에 이방인의 수없는 신들을 염두에 둔 이스라엘을 향한 특별 지시이다.

가장 중요한 이 계명은 좀 더 확대되어 두 번째 계명으로 연결되고 있다. 우상숭배의 금지는 당시 얼마나 많은 우상이 널려 있었는지 가늠하게 한다. 우상은 그 형상의 원형이 된 존재와 밀접한 관계를 가짐으로서 바른 신앙을 가질 수 없음을 경계하고 있다.

하나님은 질투하는 하나님으로 소개된다. 질투(嫉妬)는 인간적인 시기(猜忌)와는 다른 하나님의 절대적인 탁월성을 뜻하는 말이다. 하나님은 세상의 무엇과도 비교할 수 없는 분이시다. 그 사랑은 화가 미치는 몇 대(代) 정도가 아니라 헤아릴 수도 없는 많은 사람에게 미치는 한결같은 사랑으로 약속하고 있다. 비길 바가 없는 하나님의 큰 은혜는 죄가 미칠 수 없는 넓고 큰 것이다.

우상금지에 이어서 하나님의 이름을 망령되이 일컫지 말라고 한다. 이름은 얼마나 소중한가? 그 존재를 대표하는 것이 이름이다. 하나님의 이름은 하나님을 찬양하고 부르기 위하여 그들에게 계시되었다. 본래의 목적을 벗어나 욕되게 사용된다면 이는 커다란 신성모독의 죄이다. 일상생활에서 경솔한 하나님에 대한 태도들이 종종 있는 것을 보며 놀라지 않을 수 없다. 옛 사람들은 항시 삼가는 태도로 일관하는 것을 본다. 이른바 신기독(愼其獨)이란 말은 '그 홀로를 삼간다'는 말로 삼감의 철저함을 나타내고 있다. 하물며 하나님은 두말할 필요가 없다.

다음은 안식일을 거룩하게 지키라고 한다. 안식일의 쉼은 하나님이 창조주임을 고백하고 구원의 능력을 축하하며 인정하여 세속의 날과 구분하는 것이다. 사람들이 보통의 날은 세상의 요구에 응하여 중하게 여기다가 안식일은 좀 소홀히 하는 잘못된 생각을 가지는 것을 가끔 본다. 이 날은 하나님을 위한 날임을 더욱 깨달아야 한다. 안식일의 철저성은 자신에 그치지 않고 집안의 모든 존재도 그들의 안식일을 지키도록 배려하라고 하는데서 드러나고 있다. 그러니 보통 날은 소홀히 할지언정 안식일만은 참으로 중요하게 생각해야 한다. 다른 날은 각자 하는 일이 있어도 그날만은 예외 없이 하나님을 생각하며 잔치에 참여하듯이 하라는 말로서 그 중요성을 드러내고 있다. 우리나라는 어른들이 흔히 아랫사람을 대하여 하찮게 대하는 것을 본다. 여종을 향하여 "네까짓 게 무슨 안식일이냐"라고 무시하는 태도는 하나님을 무시하는 것이 된다.

이어서 부모를 공경하라는 명령이 나온다. 하나님의 백성은 반드시 그 부모를 공경해야 한다. 자고로 동양에서는 효를 사람됨의 최고의 덕목으로 삼고 있다. 점점 이러한 사상이 희미해지는 세태가 아쉽게 느껴진다. 마땅한 도리를 다 해야 할 것이다.

그리고 살인하지 말라고 한다. 사람의 생명의 주인은 창조주 하나님이시기 때문이다. 누구도 남의 생명을 좌지우지할 권리는 없다. 종종 자녀의 생명을 함부로 다루는 사람을 보는데 이야말로 큰 죄악이 아닐 수 없다. 생명을 존중하는 세상이 되어야 한다.

간음하지 말라는 말씀은 소유권적 개념과 혼인의 신성을 지켜서 후손의 순수성을 보전하고자 한다. 도둑질하지 말라고 함은 마지막 계명과 관련이 있으며 그 대상을 구체적으로 명시하고 있지는 않지만 인간을 대상으로 말한 것으로 볼 수 있다. 자유로운 신분의 이스라엘인을 생각하여 자유를 박탈하는 일을 생각할 수 있다. 자유로운 이스라엘인을 자신이 부리든 혹은 타인에게 팔든 강제로 노예화하는 것을 금지한 것으로 볼 수 있다.

이어서 거짓증거의 금지이다. 이는 이스라엘 공중에서 이루어지는 재판정의 상황이 전제된 말이다. 무고한 자가 거짓 증거로 말미암아 사형을 당하는 어처구니없는 일이 있어날 수 있다. 얼마나 큰 실수인가? 교회 역사의 전통에서는 이를 감안하여 아예 거짓말을 못하게 해왔다.

마지막 계명은 이웃의 소유를 탐하지 말라고 한다. 이웃의 삶의 토대를 빼앗으려는 음모는 분쇄되어야 함을 보여준다. 소유는 살아감에 필요한 그 모든 것을 말함으로 각자의 것이 보호되어야 한다.

이상의 십계명은 하나님에 대한 백성의 의무와 이웃에 대한 의무를 구분해서 규정하고 있다. 이 계명에 이어 하나님의 위엄이 등장함은 백성을 위협하는 의미가 아니라 하나님의 뜻이 얼마나 진지하게 받아들여져야 하는가를 보이는 가르침이다. 이는 오고 오는 모든 세대가 마음속 깊이 명심해야 하는 말씀이다. "…너희로 경외하여 범죄하지 않게 하려 하심이니라"(20절하).

이어서 올바른 예배에 관하여 말씀하고 있다. 은이나 금으로 된 신상을 만들지 말라고 하니 그 나머지는 말할 것도 없다. 금은이 소중하지만 그만 못한 나무나 다른 자료로 만든 것도 은금의 신상이 금지됨에 함께 포함되고 있다. 또한 제단을 쌓되 돌을 다듬지 말라고 한다. 정으로 다듬으면 돌의 본연성과 총체성이 없어지고 이는 제단의 가장 필수적인 거룩성이 없어지기 때문이다. 그리고 이어 가나안의 다산종교의 성적 방종을 용납지 않는 말로 경계하고 있다(26절). 그렇게 함으로 제사를 통해 하나님이 주시고자하는 축복을 내려 주신다고 한다.

모든 명령의 목표점에는 이스라엘에게 주시고자하는 복이 있다(24절하). 복 받을 백성에 대한 이러저러한 계명들은 진정 자유의 얽매임이 아니라 길 안내가 아닌가? 구원의 약속의 표징이 되고 있다.

사람을 위한 법

출애굽기 21장

출애굽기 21장은 사람이 처신하는 데 필요한 여러 가지 율법을 규정하고 있다. 사람이 살다보면 여러 가지 일을 당하는 데 이때에 어떻게 해야 하는지 구체적인 규정을 함으로 생활의 질서를 유지하고자 했다.

먼저 중동지방의 하층민에 속하는 히브리 종을 사면 부리되 제 7년의 해에는 자유인이 되게 해야 한다. 오죽해서 몸을 팔았을까 생각하면 가여운 사람이 아닐 수 없다. 그러한 사람이라 해도 6년만 부리라고 명시하고 있다. 만일 그에게 식구가 딸려 아내가 있어 주인이 준 아내면 자녀와 함께 주인에게 속하고 원래의 아내는 함께 풀리게 된다. 그리고 아내나 다른 이유로 주인에게 머물기 원한다면 귓불을 뚫어 주인에 머물 수 있다고 한다. 이는 그의 자유에 속하는 선택이다. 경제적으로 어려운 상태에 있었던 사람들에게는 주인을 떠나는 일도 힘든 일 중에 하나일 것이다.

또 사람이 종종 어려운 살림에 자녀를 파는 일이 있었는 데 딸을 산 주인의 경우에도 그를 돌볼 의무가 있었던 것이다. 산 주인이 그를 좋아하지 않아 돌보지 않으면 속량하되 타국인에게는 팔지 못한다고 규정하고 있다. 더러 자신의 아들에게 배필로 주었으면 딸로 대접하라고 한다. 또 주인이 다시 장가를 들더라도 먼저 얻은 여종은 응당의 대우를 해야 한다. 이것이 안 되면 여종은 마음대로 나가도 되는 것이다. 이를 보면 여종이라고 함부로 대할 수 없도록 했음을 보게 된다.

이어서 나오는 것은 사형에 해당하는 조목들이다. 살인한 사람은 반드시 죽일 것이라고 한다. 다만 고의성 없이 사람을 죽인 경우에는 즉각적인 보복을 면하게 도피성에 피해 있다가 재판을 통해 응분의 처벌을 받도록 하고 있다. 여기서 재단에 피한 사람을 보호하는 것을 보지만 고의성이 있는 자는 그것도 고려함이 없이 죽인다고 한다. 사형에 해당하는 두 번째 죄목은 부모를 때린 자이다. 철저히 부모를 보호하는 것을 볼 수 있다.

세 번째는 사람을 납치한 자이다. 오늘 날도 그런 일이 많지만 옛날에는 납치해서 노예로 팔거나 종으로 부리는 일이 있었다. 이른바 인신매매 행위이다. 네 번째는 부모를 저주하는 행위이다. 저주는 곧 그대로 된다는 생각에서 그런 엄한 벌을 주었다. 말이 씨가 된다는 속담도 있지만 쉽게 남을 욕하는 행위는 오늘 날도 삼가 해야 하는 중대한 일이다. 옛날부터 쓸데 없는 말을 삼가라고 경계하는 것을 많이 보게 된다.

오늘의 상황이 얼마나 악화되었는가는 네티즌들의 리플을 보면 알 수 있다. 책임 없이 극악한 말을 함부로 해서 폭력을 행하는 사람이 있고 이 때문에 피해자들이 속출하고 있다. 어리석어 그렇지 그 모든 책임이 언젠가는 자신에게 돌아옴을 알아야 한다. 말의 폭력도 폭력인데 어찌 그 폭력이 심판 없이 넘어 가겠는가? 죄를 짓고 요행이 넘어 가면 그만인 것 같으나 기뻐할 일이 아니다. 더 큰 심판이 기다리고 있음을 알아야 할 것이다.

다음은 신체상해 규정들이 열거되고 있다. 서로 싸우다가 한 쪽이 피해를 보면 손해배상을 해야 했다. 종의 경우에도 주인이 때려서 당장에 죽으면 형을 받고 하루나 이틀 있다가 죽으면 형을 면한다고 한다. 아무리 종이 주인의 재산이라 해도 그 인권을 참작한 것을 엿볼 수 있다. 또 임신한 여인을 때려 낙태하게 하면 그 남편이 청구한 것을 갚아야 하며 재판장의 판결대로 해야 한다. 다시 말해 객관적인 판결을 통해 한쪽의 손해가 없도록 하기 위함일 것이다.

이어서 동태복수법이 이어지고 있다. 모든 손해는 같은 양으로 갚아져야 한다는 생각에서 그렇다. 생명은 생명으로, 눈은 눈으로, 이는 이로, 손은 손으로, 발은 발로, 덴 것은 덴 것으로, 상함은 상함으로, 때린 것은 때린 것이라고 하여 만인 평등의 원리를 적용하려는 것을 볼 수 있다.

가만히 살펴보면 체형이 결코 벌금형으로 대체되지 않음을 볼 수 있다. 만약 그렇다면 부자는 남에게 손해를 입히고도 돈으로 갚으면 된다면 편리하게 책임을 면하는 꼴이 된다. 남의 눈을 다치게 했으면 자신의 눈을 똑같이 다치게 함으로 최선의 경계를 하지 않을 수 없었을 것이다. 그리하여 잘못이 없도록 조심하는 마음을 갖게 될 것이다.

이 동태복수법은 당대에 중동지방에 널리 퍼져 있는 법 체계였다고 한다. 이어서 짐승을 통해 일어나는 손해를 규정하고 있다. 종의 눈을 상하게 하면 종을 놓아 주어야 하며 이의 상해도 마찬가지다. 또 소가 사람을 뿔로 받아 죽이면 소를 죽이고 그 고기는 먹지 말아야 한다. 또 버릇이 나쁜 소를 사람들에게서 항의를 받고 단속하지 않았다면 소와 함께 주인도 죽어야 한다.

그러나 피해자 측이 죽임을 원하지 않는다면 속죄금으로 배상해야 한다. 이는 종의 경우도 마찬가지로 은 삼십 세겔을 주인에게 지불하고 소는 죽여야 한다. 자신의 짐승은 자신이 책임짐으로 단속을 잘 해야 함을 알 수 있다. 짐승이 손상을 입어도 그 주인에게 보상을 해야 한다. 어떤 소가 다른 소를 받아 죽이면 그 소를 팔아 반씩 나누고 죽은 소도 반으로 나눈다.

이러한 짐승의 규정까지 자세하게 함으로 사람이나 짐승이나 만인이 평등하게 권리를 누리려는 법의 의지를 엿볼 수 있다. 다만 노예나 종의 제도가 아직도 행해지는 것을 보면 사회발전이 미미한 단계의 단면을 볼 수 있다. 사람과 사람 사이에 올바른 관계를 가질 때 하나님을 향한 바른 관계도 가능한 것이다.

오늘의 삶에서도 모든 관계가 참으로 중함을 생각하고 부당한 혜택을 바라지도 주지도 말아야 한다. 오직 바른 삶의 태도는 하나님께 나아가는 첫걸음이 될 것이다.

해지기 전에

출애굽기 22장

이스라엘 백성도 가나안 땅에 살면서 이런저런 죄악을 저지르게 되었다. 특별히 재물에 관련된 죄목들이 많이 열거됨을 보면 많은 욕심이 그들을 지배하게 됨을 알 수 있다. 그들은 하나님을 중심으로 하여 하나로 묶여진 백성인데 그 안에서도 그런 일들로 적지 않은 분쟁이 있었던 것이다. 한 형제요 동포로서 언약 백성의 끈끈한 유대관계가 더러 사사로운 욕심 때문에 무너지면 말씀을 순종하는 자세와는 거리가 먼 것이다. 따라서 철저하게 규정을 통해서 통제하고 유대관계가 유지되도록 해야 했던 것이다.

22장은 그런 규정들의 일부로 먼저 소유권의 침해를 다룬다. 절도의 경우에는 훔친 물건의 배상뿐 아니라 몇 배로 더 물어야 했다. 특히 소의 절도는 작은 가축의 정도를 훨씬 지나는 것이다. 가난한 시절에는 소가 얼마나 큰 재산인가를 느껴보지 않고서는 알기 어렵다.

절도를 행하고 그것도 모자라 빨리 도살한 경우는 가중처벌을 한다. 이것은 아주 지능적이고 계획적이며 완전 범죄를 하려는 절도에 해당하는 중죄에 해당하기 때문이다. 만약 죽이기까지는 않고 가지고만 있으면 처벌이 좀 가벼운 것이다.

다음은 도둑이 벽을 뚫고 들어 올 때 쳐 죽이면 어떻게 되는가? 피는 피로 갚아야 하는가? 아니다 밤에 그런 일이 있었으면 정당방위로 면책의 사유가 되고, 낮에 그랬다면 사정은 다르다. 아무리 절도범이라 해도 그의 생명도 피의 복수에 따라 보호를 받는 것이다.

그리고 자기 집 소가 남의 밭에 들어가 그의 것을 먹으면 자기의 밭에서 가장 좋은 것으로 배상해야 한다. 들불의 경우가 종종 우리나라도 있지만 들불을 놓아 남의 것을 태웠다면 이 역시 배상을 해야 한다. 그리고 저당물의 도난을 배상함은 물론이나 만약 도둑이 잡히지 않았다면 보관했던 사람이 하나님 앞에서 진실을 맹세함으로 저주도 불사하겠다는 의지를 표명해야 한다.

이처럼 인간적으로 해결하지 못하는 것은 하나님께 나아가 하나님이 결정하도록 한다. 하나님은 맹세의 저주 효과를 결정하시는 분이기 때문이다. 미묘한 부분은 이처럼 하나님께 나아가 맡기는 부분에서 모든 일을 공평히 해결하려는 의지는 단호한 모습을 보여주고 있다.

위탁물의 경우에 여러 가지 사고가 있을 수 있는데 그때마다 하나님께 맹세하는 식으로 진정성을 확인하고 신뢰를 얻어야 하며 배상 여부를 결정해야 한다. 하나님께 대한 맹세를 통한 해결은 구속력이 없는 것 같지만 실은 궁극적인 방법이라 하겠다. 그 이상으로 더한 법적 방법을 동원하지 않고 있다.

이제 가축을 넘어 사람에 관한 규정도 다루고 있다. 약혼하지 않은 처녀를 범하였으면 그 소유권을 가진 아버지에게 납폐금을 지불하고 그의 허락을 받아 아내로 맞이하든지 아니면 관계를 끊어야 한다. 아버지는 딸을 남에게 아내로 주거나 아니할 권한을 가지고 있다.

그리고 이어서 세 가지 우상숭배의 범죄를 규정하고 있다. 무당을 죽이고, 수간한 자를 죽이며 다른 신에게 제사하는 자를 추방한다고 한다. 여기 '추방'이란 이스라엘 공동체에서 쫓겨남으로 죽는 거나 다름없는 엄한 처벌이다.

21절 이하에는 이른바 정언법(定言法)으로 약자들에 대한 보호를 언급하고 있다. 이방 나그네를 압제하지 말라는 것은 타국에 와서 몸 붙여 사는 사람으로 그 종족이나 혈족을 떠나 살면서 개인이나 공동체의 보호에 의존하는 사람이다. 이들은 자신의 소유와 토지가 없고 법적 대변인도 없어 '손님을 보호하는 관습법'이 적용되고 보호되어야 했다. 여기 '학대'는 특히 경제적 착취를 의미한다고 보아야 할 것이다. 이민 노동자들은 온전한 공민권을 지니지 못하고 경제적으로 종속의 지위에 있다. 이런 사람의 처지를 악용해서는 안 된다.

그들의 어떤 약점을 교묘히 악용해서 온갖 인권을 유린하는 오늘의 악덕 기업가들도 있는데 이는 비인간적 죄악이며 하나님 앞에 커다란 죄인이다. 사람은 다 조건이 같거나 완전하지 못한 경우가 얼마나 많은가? 이를 악용하는 자는 큰 죄를 범하고 있음을 명심해야 한다. 종종 티브이를 통해 물고기, 짐승들이 부상을 당하거나 약한 것을 골라 집중적으로 공격하는 것을 본다. 짐승이나 그렇게 하지 사람은 짐승과는 달리 긍휼히 여기고 어떻게 도와줄까를 도모해야 한다. 이처럼 하나님의 뜻은 자비와 긍휼을 바탕으로 하는 사랑이다.

하나님은 이스라엘을 향해 너희가 애굽에서 부르짖을 때의 처지를 기억하라고 하신다. 남의 처지가 아니라 곧 너희의 처지임을 상기시키고 있다. 그래서 남과 나를 차별하는 정도가 사랑의 척도라고 해야 할 것이다. 사랑이 많은 사람은 피아의 구분이 적은 사람이다.

고아와 과부는 당시의 대표적 약자라고 할 수 있다. 그들에 대한 배려는 절실한 것이다. 오늘날 소년, 소녀의 가장들과 독거노인들도 그 범주에 속하는 새로운 약자들이다.

다음은 가난한 동포에게 이자를 받는 행위를 하지 말라고 한다. 오늘의 사회가 점점 자본의 지배로 들어가는 듯해서 특별히 귀담아 들어야 할 말씀이다. 곤궁한 사람들이 돈 얼마 때문에 생명을 버리는 놀라운 일이 종종 있는 것을 본다. 우리 책임이다. 이웃의 옷을 전당잡아 돈을 주었다면 해가 지기 전에 돌려주라고 한다. 아무리 돈이 중하다고 하나 인간의 최소한의 권리까지 우리가 침해할 권리는 전혀 없다. 동양적 표현으로 하면 '불인인지심'이라고 해서 '차마 못하는 마음'이라고 하는 양심이 사람됨의 표시라고 한다. 차가운 한 밤에 새우잠을 자면서 추위에 떨고 있다면 이는 견딜 수 없는 일이다. '해지기 전에 돌려주는 마음', 이것이 사람의 마음이며 하나님의 자비로운 마음이다.

이어서 재판장과 지도자를 모독하지 말라고 한다. 여기 에서 말하는 이들은 지파의 족장을 말한다. 그들은 백성을 위해 올바른 데로 인도하는 일꾼들이 아닌가? 그리고 추수한 것을 하나님께 바치기를 더디 하지 말라고 한다. 하나님 앞에 인색한 것은 먼저 하나님이 아시고 그대로 갚아 주시는 것이다. 내가 인색하면 하나님도 나에게 인색할 수밖에 없는 것이다. 세상 것으로 내 마음을 열면 영원한 것으로 나를 부요케 하시니 누가 손해인가?

세상 지혜로운 자는 세상 것을 주고 하늘의 것을 받을 줄 아는가 아닌가? 없어질 것들만 가진 우리라면, 우리 모두는 청지기들이 아닌가?

숨 돌릴 틈

출애굽기 23장

형편이 어렵던 그렇지 않든 간에 모두 같은 처지라면 견딜만 하지만 상대적 고난에 처했을 때는 견디기 힘든 것이 사람의 마음이다. 어째서 나만 이렇게 어려움을 당해야 한단 말인가 하며 억울함을 토한다. 그만큼 사람은 사회적 관계에서 평등한 관계로 존재하기를 바라지 소외당하면 견디기 힘든 존재이다. 자고로 재판이 존재하는 것은 공평한 인간관계를 위해서이다.

23장은 이러한 공평한 재판에 관한 조목을 열거하고 있다. 진실을 바탕으로 하여 의롭게 살라는 것이다. 재판 과정에서는 거짓 증언을 엄하게 금하고 있다. 자유와 해방을 맞은 자유민으로서 온전한 공민이 된 지금 그들은 공명정대해야 했던 것이다. 거짓 유포된 사실들이 난무하는 세상에 확실하지 않은 말을 함부로 하여 피해를 당하는 사람이 많음을 감안해야 하는 것이다. 부당한 증언은 곧 죄없는 사람을 죽이는 결과를 낳을 수 있는 것이다. 특별히 돈 없고 힘 없는 사람이라고 가벼이 보아 그런 잘못을 저지르기 쉬운 것이다.

다수를 따라 악을 행하지 말라고 한다(2절). 논어 위령공에 '중오지라도 필찰언하며 중호지라도 필찰언이니라(衆惡之 必察焉, 衆好之必察焉)' 고 하였다. 다시 말해 모두가 미워해도 반드시 살펴보며 여러 사람이 좋아해도 반드시 살펴보아야 한다는 말이다. 살핌 없이 남을 따라 하기 좋아하는 요새 사람들은 꼭 귀담아 들어야 할 것이다. 특히 잘못된 일에 부화뇌동(附和雷同) 하는 것은 큰 피해가 따를 수 있는 것이다. 또한 도움을 베푸는 일에 있어 나와의 관계를 고려하지 말고 베풀어야 함을 분명하게 말한다. 전쟁터에서 적십자원들은 부상당한 사람이면 그가 아군이든 적군이든 가리지 않고 치료를 해야 한다.

예수께서 말한 선한 사마리아 사람은 동족이 아닌 앙숙지간이었음에도 생명을 살리는 일을 하였다. 잘 난 제사장이나 유대인처럼 편 가르기에 사로잡히지 않았다.

가난한 자의 송사라고 정의를 굽히지 말라고 한다. 특별히 명심해야 할 말씀이다. 악한 자, 뇌물은 멀리하고 의롭고 착한 사람을 가까이 해야 한다. 뇌물이 얼마나 쓴 독약인지는 우리의 눈을 멀게 한다는 것을 보면 안다. 그걸 먹고 눈 멀지 않고 입이 삐뚤어지지 않을 사람이 없다면 얼마나 악한 독극물인가? 돈이 요물인 것을 알아야 한다. 그리고 이방 나그네를 압제하지 말라고 한다. 그의 처지는 아무런 법적 보호 장치가 없는 사고무친(四顧無親)의 신세이다. 그게 바로 너희의 옛 처지였다고 친절하게 지적하신다.

이어서 나오는 말씀은 안식일과 안식년의 규정이다. 여기서는 이스라엘만이 아니라 가난한 이웃과 심지어 들짐승까지라도 배려하는 하나님의 자상한 모습이다. 남종이나 여종, 나그네, 소와 나귀가 숨을 돌릴 틈이 이 날의 의미이다. 이 쉼은 사회적 측면에서도 없어서는 안 될 최소한의 배려이다.

그리고 이어 세 명절을 지키라는 규정이 나온다. 이들 절기는 이스라엘의 농경문화에서 유래한 것들로 점차 종교적 의미로 변하여 지키는 절기들이다. 이른 바 이스라엘의 3대 절기인 출애굽의 때에 조상들이 무교병을 먹던 무교절과 결합한 유월절, 수확의 첫 열매를 하나님께 바치는 맥추절과 관련된 칠칠절, 가을에 포도와 과일을 거두어 들이는 수장절을 초막절로 지키게 되는 것이다.

그리고 몇 가지 세부 사항은 각각 사연이 있는 규정들로 생각된다. 또한 느닷없이 약속의 땅에 들어가는 이야기가 나온다. 거기서 특별히 주의해야 할 일들이 있는데 그 일로 하나님을 노엽게 하지 말라고 한다. 하나님과 이스라엘 그리고 가나안 족의 삼각관계에서 절대로 가나안 원주민과 한통속이 되지 말라는 경고의 말씀이다.

그곳에서 잘 살고 못사는 것은 오직 이스라엘의 하기에 달려 있음을 다짐하는 모습이다. 그들의 신을 경배하지 말라고 한다. 아울러 풍속을 따르지 말고 오히려 깨부수라고 한다. 그들이 자신들의 신이 복을 주어 누리는 여러 가지에 속지 말고 오직 하나님을 따르면 하나님이 복을 주어 아쉬울 것 없이 산다고 한다. 그들을 몰아내고 그 땅을 기업으로 얻어 번성한다고 약속한다.

이스라엘이 가나안에서 살아가는 방법이 바르게 제시된 것이다. 그리하여 그들의 땅은 홍해에서 블레셋의 바다, 광야에서 메소포타미아 강에까지 이르러 이스라엘이 가장 넓은 땅을 차지하던 솔로몬시대를 연상하게 한다. 강하고 풍요롭고 자랑스러운 나라의 모습이다.

이런 전망을 갖고 이스라엘 백성은 이방신을 철저히 배격해야 한다. 과연 그들이 이와 같은 하나님의 약속과 명령을 얼마나 철저하게 지킬지는 앞으로의 과제이다.

시내산의 언약

출애굽기 24장

하나님은 그 백성을 억압에서 이끌어내시고 마침내 시내산에서 역사적인 언약을 맺으신다. 모세에게 일러 아론과 이스라엘의 장로들을 하나님께 이르도록 하신다.

그러나 모세만이 하나님께 가까이 가서 하나님의 말씀과 율례를 받아 백성 앞에서 전하고 그들은 한 소리로 말씀을 순종하겠다고 응답한다. 한 소리라는 말은 군소리 하나 없이 만장일치의 순종을 강조하는 말이다. 이것이 당초 이스라엘 백성의 말씀을 받는 원래적인 모습이다. 일체의 다른 말이라곤 없는 이스라엘 백성의 응답은 장엄한 하나님과의 만남의 태도였다. 여기서 우리는 하나님과 백성의 계약 의식이지만 마치 고대 중동의 개인 대 개인의 계약하는 모습을 어느 정도 연상케 하는 대목을 볼 수도 있다. 다만 산에서 이루어지는 것이 특이하다고 할 것이다. 모세는 산 아래에 제단을 쌓는다고 한다. 계약이 얼마나 성스러운 일인가를 보여 준다.

그리고 열두 지파대로 열두 기둥을 세운다. 열두 지파의 어느 하나도 하나님 앞에서 제외됨 없이 각각 홀로 서서 계약을 맺듯이 책임적 관계를 나타낸다. 그리고 번제와 화목제를 드리며 모세가 피를 가지고 반은 양푼에, 반은 제단에 뿌린다. 마지막에는 말씀을 듣고 피를 뿌리고 언약의 피임을 선언한다.(קרא) 제단은 하나님을 상징한다. 그렇게 함으로 하나님과 백성이 계약에 온전히 참여한 것을 보여 준다.

7절의 듣고 행함은 유대인의 '미드라쉬'에서 들은 바를 그대로 행함으로 하나님을 믿는다고 생각한다. 이제 모세와 아론과 나머지 장로 칠십인이 올라가 하나님의 발아래를 보니 청옥을 편 듯하고 청명하다고 했다. 하늘을 두고 흔히 쪽빛 같다고 한다. 얼마나 맑고 푸르렀으면 그런 빛깔에 비유하겠는가? 이는 높은 산꼭대기에 올라가야 볼 수 있는 정경일 것이다. 다시 말해 이스라엘 대표자들이 거기에 올라서 그런 광경을 보았다는 것은 이례적인 사건이 아닐 수 없다. 하나님을 보는 자는 죽는다고 하는데 유독 여기서는 그에 대해 언급하지 않고 있다. 청명한 하늘에 임재하신 하나님을 그들이 꼭대기에서 만나 아무런 해도 가하지 않은 것을 11절 상반절에 암시하고 있다. "하나님이 이스라엘 자손들의 존귀한 자들"에게 손을 대지 않았다고 하신다.

그 이유가 무엇인지는 알 수 없지만 예외적인 표현으로 해를 당하지 않고 하나님을 뵙고 먹고 마신 것이다. 고대의 사람들이 계약을 체결하고 먹고 마시는 것은 계약의 순서 가운데 하나였다. 그런데 여기서는 모세와 장로들만 먹고 마셨다. 그런데 좀 조화롭지 못한 것은 모세가 이미 산꼭대기에 있음에도 또다시 명령하기를 산에 올라 내게로 오라고 한다. 이를 두고 당초에는 다른 전통이었지만 하나로 이어진 것이 아닌가하고 주장하는 학자들이 있다.

모세는 하나님의 명령대로 돌판을 받기 위해 여호수아와 함께 산으로 올라가며 장로들에게 밑에서 기다리라고 하였다. 모세가 시내산에 오르니 구름이 산을 가리고 야훼의 영광이 산 위에 머물렀다. 구름이 무려 엿새 동안이나 산을 가렸다고 한다. 드디어 일곱째 날에야 야훼께서 구름 가운데 나타나시고 모세를 부르신다. 하나님의 영광은 그들의 눈에 맹렬한 불같이 보였다고 한다. 여기 구름이나 영광, 맹렬한 불 그리고 일곱째 날은 모두가 하나님과 관련한 특별한 의미가 있다고 할 수 있다.

모세는 구름 속으로 들어가 산 위에 오르고 사십일 사십야를 산에 있었다. 참 길기도 한 시간이다. 하나님께 가까이 간 사람은 오직 모세였을 뿐이다. 모세와의 관계도 자연스런 것이 아니라 하나님은 자신을 가리시면서 나타내시는 묘한 모습을 볼 수 있다.

하나님 전의 성물

출애굽기 25장

하나님은 모세를 향하여 예물을 가져오라고 명하신다. 사람이 무엇을 준비해서 남에게 바치는 데에 정성만큼 중한 것은 없을 것이다. 물질을 바치는 것 같아도 사실은 정성과 마음을 바치는 것이다. 같은 바침이라도 전혀 마음의 정성이 없는 것은 큰 의미가 없는 것이다. 하나님은 모세에게 그런 예물을 정성을 다해 바치라 하신다. 거기에 "기쁜 마음"이란 언급을 통해 예물의 근본 정신을 밝혀주고 있다. 여기서 중요한 것은 그런 자에게 하나님은 복을 주시기 위해서 그런 요구를 하시고 있다는 점이다.

구체적인 내용은 금, 은, 놋을 비롯하여 여러 가지 물건들이 열거되고 있다. 먼저 귀하고 값진 것들을 가지고 와서 이른바 하나님이 거하실 성소를 지으라고 하신다. 사람들은 성소를 짓고서 생각하기를 하나님을 모셨다는 식으로 은근히 생각하기 쉽지만 그거야말로 큰 착각이다. 하나님은 사람의 마음대로 그렇게 되시는 분이 아니다. 그럼에도 하나님이 자신의 성소를 지으라고 명하시는 참 뜻을 바로 알아서 겸손하게 정성으로 지어야 한다.

성막을 위한 예물 다음에 언약궤에 대한 말씀이 이어진다. 조각목으로 궤를 짜라고 하는데 조각목은 아카시아의 일종으로 현지에서 보면 싯딤나무라는 가시가 많은 사막성 토질에서 사는 나무라고 할 수 있다. 참으로 단단한 나무로 궤를 만들어 안팎으로 순금으로 싸라고 한다. 그리고 금고리 넷을 만들어 네 발에 단다. 또한 금으로 된 채를 양쪽 고리에 꿰어 멜 수도 있게 한다고 한다. 이동에 필요한 말씀이다. 그리고 속에 하나님이 모세에게 주실 증거판 곧 언약의 두 돌판을 두라고 하신다.

얼마나 이 언약궤가 중요했으면 이처럼 여러 가지 장식을 하라고 하셨을까? 언약궤는 단순히 나무로 만든 상자에 불과할지 모르나 그 안에 생명의 말씀이 있기 때문에 중한 것은 말할 필요가 없다. 언약궤는 하나님이 자기 백성 가운에 계시다는 사실을 보증하는 증물인 것이다. 이 언약궤는 성소에서도 가장 안쪽인 지성소에 두며 휘장으로 이를 가렸다. 그리고 순금으로 만든 속죄소를 만들며 금으로 그룹 둘을 만든다. 그룹들이 속죄소를 향하여 덮어 증거판을 궤 속에 둔다고 한다.

그룹은 분명치는 않아도 전승적으로 보면 수호의 역할을 하는 파수꾼과 같은 존재이다. 거기서 하나님이 두 그룹 사이에서 이스라엘 자손을 위하여 명령을 하신다고 한다. 이 속죄소는 덮개로 궤를 덮는 판을 가리킨다. 속죄소는 보이지 않는 하나님의 보좌 또는 발등상의 형상으로 여겨졌다. 여기서 모세는 야훼의 지시를 받는다. 루터는 이 속죄소를 '은혜의 보좌'로 번역하여 백성의 죄를 덮는 속죄 의식이 행해졌음을 상기하였다(레 16:11-16; 롬 3:25 참조). 이런 모든 의식을 위한 성물들은 모두가 하나님의 백성의 구원에 대한 놀라운 하나님의 계획이 내재함을 볼 수 있다.

또 조각목으로 돌아간다. 그것으로 상을 만드는 데 지성소의 휘장 앞에 있는 것으로 이것도 역시 순금으로 싸서 금테를 두르고 턱도 만들어 금을 입히라고 한다. 무릇 하나님의 성소에서 쓰이는 물건들은 보통의 것들과는 다른 성물로 금을 입히는 것이다. 귀한 것에 금을 입히는 것을 결코 아까워해서는 안 되는 것이다. 하나님 앞에 쓰이는 것이니 세상에서 가장 아름답고 귀한 것으로 치장해야 함은 당연하다.

상의 멜 채도 역시 조각목으로 만들지만 금을 입혀야 한다. 광야 길을 가면서 함께 메고 가야 하기 때문이다. 뿐만 아니라 대접과 숟가락 그리고 병과 잔도 순금으로 만들어야 한다. 이는 하나님을 위한 음식물을 상징적으로 차려 놓아야 하기 때문이다.

이제 성소에서 쓰이는 등잔대로 넘어간다. 등잔대도 역시 순금으로 만드는데 우리나라 전통 등잔대와는 달리 불이 가운데 등잔불과 좌우에 세 개씩 모두 일곱 개의 불이 있는 등잔대이다. 그런데 좌우 각 가지마다 살구꽃 형상의 잔과 꽃받침과 꽃이 있게 한다. 모두는 줄기에 연결되는 좌우 여섯 가지의 등잔대이다. 이것 역시 모두 순금을 쳐서 만든다고 한다. 그렇게 해서 총 일곱 개의 등잔을 켜서 비추게 한다. 여기서 살구꽃이란 말이 있지만 무엇인지는 확실하지 않다. 등잔대는 오늘날도 유대인 사회에서 중요한 역할을 하고 있음을 볼 수 있다. 진리의 불을 켜는 상징을 가짐으로 하나님의 백성들이 소중히 여기는 것이다.

이상에서 광야에서 이동하는 삶 가운데 하나님을 섬기는 성소에 쓰일 성물들을 만드는 규정이나 명세를 보여 줌으로 그들의 삶에서 하나님의 예배가 얼마나 소중한가를 잘 보여 주고 있다.

이스라엘은 이제 보통의 백성이 아니다. 하나님을 떠나서는 살 수 없고 그 분을 섬기고 예배하는 것이 삶의 본질인 것을 잘 보여 주는 성소의 규정들이 나오고 있다. 사람이 만드는 데 물건이 아무러면 어떤가 하고 자칫 소홀히 할 수 있지만 하나님의 성소에서 성물들은 세상의 물건과는 완연히 다른 것을 이 말씀들을 통해서 분명히 알 수 있다. 어느 하나의 성물도 사사로이 만들 수도 취급할 수도 없는 것이다.

예전에 우리 사회에서도 제기를 소중하게 취급한 것을 볼 수 있는데 하물며 하나님의 성물이야 말할 것도 없다. 군자가 생활이 아무리 궁색해도 제기를 팔아먹을 수 없으며 아무리 가난해도 제복을 팔아서 연명할 수 없다고 사서(四書)는 말하고 있다. 하나님의 성소의 물건이야 더 말해 무엇 하겠는가?

소중히 여기는 마음에서 하나님을 향한 우리의 자세가 드러남을 잊지 말아야 한다.

성막

출애굽기 26장

집이란 살아 있는 존재의 보호막이자 안식하는 곳이다. 집은 자연의 여러 현상들 앞에서 사람을 보호하고 막아 편안히 거할 장소이다. 비바람과 눈발이 날리는 날에 따뜻한 보호처가 얼마나 아늑한지는 누구나 공통으로 느끼는 바이다. 그래서 의식주는 사람이 살아가는 가장 기본적인 요소가 아닌가?

하나님이 무소부재하시며 어떤 공간에 제한되는 분은 아니시지만 인간살이를 맞추어 말씀하실 때에 집이란 형태를 취하여 말씀하시는 것을 볼 수 있다. 26장은 어찌 보면 지루한 성막 만들기에 관한 말씀이다. 여기에 분명 하나님이 주시는 어떤 뜻이 있다고 생각한다. 사서(四書)에서도 말하기를 예(禮)가 아니면 서지 못한다고 했다. 다시 말해 예가 없이는 살 수 없음을 말한다. 레위기는 하나님께 제사하는 법을 주로 다루고 있다. 얼마나 중요한 일인가를 이를 통해서 깨닫게 된다.

6절까지는 먼저 베실로 된 청색 자색 홍색의 실로 그룹을 수놓은 휘장을 만들라고 한다. 거기에 참고해야 할 것은 길이와 폭이다.

하나님의 거처는 천막용 삼베를 꼬아서 만든 덮개인 휘장을 덮는다. 여기서 그룹을 수놓는다고 하는데 이 그룹은 짐승 모양과 사람 모습이 뒤섞인 날개 달린 존재로 옛날 중동지방의 여러 그림이 보여주는 것을 보면 아마도 파수꾼의 역할인 듯하다. 성서에서는 에덴동산에 돌아오지 못하게 낙원을 지키는 파수꾼이 있다(창 3:24). 그룹들이 고대 중동에서는 통치자의 보좌를 받치는 기능을 했다고 볼 수 있다. 아마도 그룹이 그려진 언약궤를 사람들은 눈에 보이지 않는 하나님의 보좌로 생각했던 것 같다.

이어서 말하기를 성막을 뒤 덮는 휘장은 염소 털로 만든다고 한다. 이 겉 휘장은 덜 정교한 것으로 성막을 덮는 것이다. 여기서 갈고리못을 쉰 개를 만드는데 이는 놋으로 만든다고 한다. 이는 값나가는 첫 번째 휘장을 덮는 보통의 천막용 덮개이다. 그리고 그 위에 또 한 덮개를 만드는 데 숫양의 가죽으로 덮개를 해달의 가죽으로 그 윗덮개를 만든다고 한다. 여기서 말하는 해달은 아마도 돌고래를 가리키는 것 같다.

15절 이하 30절까지는 앞의 이동성 구조물과는 달리 나무로 만든 고정식 건축을 말하고 있다. 조각목은 이른바 광야의 아카시아 나무로 이것으로 널판을 만든다. 남쪽, 북쪽, 서쪽으로 널판을 정해진 수대로 세우고 나무 벽을 만든다. 그리고 벽안으로 공간이 생기는데 솔로몬의 성전과 유사함을 보게 된다. 즉 여기서 말하는 성막은 나중의 성전의 절반 크기가 됨을 알 수 있다. 이때 널판이나 고리도 모두 금으로 싸고 띠를 또한 금으로 싼다고 한다. 참으로 값진 것으로 처리하는 것을 본다.

그리고 이어서 청색 자색 홍색 실과 베실로 짜서 휘장을 만들어 그룹들을 정교하게 수놓는다. 이 휘장을 따로 세운 네 나무기둥의 금갈고리(못)에 걸며 휘장 안에 증거궤를 안치한다. 바로 이 휘장이 성소와 지성소를 구분하는 커튼인 셈이다. 여기에 치는 휘장은 앞의 값진 성막 덮개의 재료와 같이 귀한 것으로 사용한다. 지성소의 증거궤 위에는 속죄소를 두며 휘장 바깥 북쪽으로 상을 놓고 남쪽에 등잔대를 놓아 상과 마주한다고 한다. 또 같은 종류의 색깔로 된 베실로 짠 휘장을 성막 문을 막는 것으로 만든다.

이상에서 성막을 만드는 방법을 자세히 소개하는 것을 볼 수 있다. 성막을 만들되 마음대로 만드는 것이 아니라 일정한 규격이 있음을 알아야 한다. 이러한 엄격한 규정을 함으로서 감히 하나님의 성소가 사람들의 생각대로 지어질 수 없음을 깨닫게 된다. 하나님께서 세심한 고려를 하여 지시하셨다고 보면 오늘의 성전 건축도 성서의 이 말씀의 요지를 깊게 생각하며 지어야 할 것이다. 이 규정을 문자적으로 지키는 것이 아니라 그 정신이 무엇인지를 깊이 생각하면서 지어야 할 것이다. 성전은 단순한 건축물이 아님을 늘 마음에 두고 사사로운 생각이 지배해서는 안 될 것이다.

신명기계 신학은 하나님의 말씀이 안치된 곳은 곧 하나님의 이름을 둔 곳이며 그 이름은 곧 하나님 자신이 계시는 곳이다. 인간은 이런 성스러운 곳을 하나님께서 계신 곳으로 여기면서 지극히 삼가는 마음으로 성전에 드나들어야 할 것이다. 인간의 생각을 초월하시어 존재하시는 하나님이시지만 성소는 분명히 하나님이 거룩하게 임하시는 곳이다.

그 앞에 서는 인간은 왜 하나님이 당신의 성소를 지으라 하실 때에 이렇게 세밀하게 지시하시는가를 곰곰이 생각해야 한다. 그리고 그 깊은 뜻을 따라 삼가 경건한 마음을 가져야 한다.

제단과 성막

출애굽기 27장

광야생활을 하는 백성들은 될 수만 있으면 간편하게 움직이는 데 많은 관심을 가진다. 지금도 세계 여러 지역의 유목민들은 초지를 찾아 여기저기를 다니는 데 마차나 낙타 등의 운송수단에 알맞은 짐들만 꾸려서 이동하며 사는 것을 볼 수 있다.

이스라엘 백성도 이동하면서 살아가며 제사를 드리기에 그에 맞는 제사도구들을 갖추는 것을 볼 수 있다. 먼저 제단을 보면 조각목은 사막이나 광야에 자생하는 아카시아 나무로 재료를 삼는데 이는 그 지역에 다른 나무가 전혀 없었기 때문일 것이다. 제단은 짐승과 곡물을 태워 제주를 부어 제사 드리는 것이다. 제단은 성소의 동쪽 뜰의 중앙에 자리를 잡는다. 그래서 이를 '번제단'(30:28)이라고 했다. 매일 두 번씩 이런 제물을 일 년 된 어린양을 아침과 저녁에 드린다고 한다(29:38-43).

이런 나무제단에 놋으로 덧씌워 속은 텅 비게 하였다. 무게를 줄여서 이동하기 쉽게 하기 위함이다. 그리고 네 모퉁이에는 뿔이 있다. 그들이 드리는 희생제물은 무엇을 의미하는 것일까? 희생은 짐승을 잡아 드리는 것으로 명예, 감사, 그리고 정결과 속죄를 의미한다. 예전에 동양의 제사에서도 희생물을 드렸는데 이는 성서의 희생제물과는 좀 다른 것을 볼 수 있다. 동양에서는 신들이 와서 먹는다는 의미가 있었고 성서의 희생은 하나님이 먹는 희생제물이 아닌 점에서 근본적인 차이가 있다. 하나님은 희생물의 정성들인 제사의 봉헌에 기쁨을 가지셨던 것이다.

제단은 성막 밖, 뜰의 중앙에 있고 제물을 하나님의 임재의 장소인 안으로 들여서는 안 된다. 다시 말해 제물이 하나님의 음식이 결코 아니라는 말이다. 여기서 뿔을 말하는 데 뿔은 제단의 필수적인 것으로 희생물을 잡아 피를 거기에 바른다고 한다. 이 제단과 함께 여러 제사 도구들이 있는데, 놋통, 놋삽, 놋대야, 놋갈고리, 놋불통 등이다.

이어서 성막의 뜰에 대해서 말한다. 뜰은 남쪽에 백 규빗이고 서쪽은 오십 규빗이다. 다시 말해 가로가 50미터 세로가 25미터가 되는 직사각형의 모형이다. 그리고 높이는 오 규빗이라 하니 2.5미터가 되어 장막의 반이다. 그리고 동쪽을 향해 문이 있는데 이십 규빗으로 약 10미터의 문이다. 문에 휘장이 쳐지는데 청색 자색 홍색 실과 가늘게 꼰 베 실로 수놓아 짠 것으로 거기서 출입을 통제한다.

이어서 등불에 대한 이야기가 이어진다. 이스라엘 백성들에게 순수한 감람유를 가져오라고 한다. 오늘날로 말하면 깨끗한 올리브기름을 가져와서 성소에서 키는 등잔에 기름이 마르지 않게 하라는 말씀이다. 이 등불을 초저녁부터 다음날 아침까지 켜는 것이다. 오늘날에도 유대인들은 이를 본떠 회당의 천정과 법궤 앞에 등을 켠다고 한다. 이를 가리켜서 그들은 'נִיד תָמִיד' 곧 '영원한 빛' 이라고 한다. 이 등불이 회당을 성소 모형을 상징하는 역할을 한다(겔 11:16 참조). 그들은 이로써 하나님이 유대인과 함께 하신다는 생각을 가진다. 하나님의 현존을 상징하는 의미의 등불인 셈이다.

그리고 이 등불과 관련해서 아론과 그 아들들에 대해서 말한다. 아론은 제사장으로 오직 아론만이 이 등불을 켜도록 되어 있다(30:8; 레 24:3; 민 8:2-3). 그리고 그 아들들이 이를 돕게 되어 있다. 그런데 여기서 왜 밤새도록 등잔불을 켜두는 것일까? 하나님은 주무시지 않으신다는 것을 암시하기 위함이다(시 121:3-4:6). 그리고 사람들이 하나님을 섬기는 일이 밤에도 중단되지 않음을 드러내는 것이라 한다.

어쨌든 이스라엘 백성들은 이렇게 하나님을 섬기는 일에 일정한 규칙을 정하고 정성을 다하는 모습을 볼 수 있다. 규모나 양의 얘기가 아니라 질적인 면에서 정성을 드리고 신령과 진정을 다하는 예수님의 말씀처럼 예를 다함이 오늘의 예배의 참된 모형이 될 것이다. 하나님께 예배를 드리는 것은 하나님께 속한 사람이 하는 의식이다.

하나님의 사람이 좀 더 그 백성다워지는 일은 여러 가지가 있겠지만 역시 하나님이 임재하시는 장소에서 예배드리는 일보다 귀한 것은 없다.

제사장의 옷

출애굽기 28장

모든 제복은 그 사람의 신분을 나타내는 상징이다. 제복을 입고 함부로 자유분방하게 행동할 수 없음은 제복이 주는 큰 의미일 것이다. 제복을 통해서 모든 행동이 공식적인 규범을 벗어나지 않도록 하는 효과가 있다.

왕에게는 왕의 제복이 있고 제사장은 제사장의 제복이 있으며 병사는 병사의 제복이 있다. 오늘날에도 수많은 제복이 있다. 한때는 학생들이 제복을 입고 단정하게 정제된 모습으로 살아야 했었다. 점점 개방된 사회가 됨으로 옷들이 자유로운 모습으로 변하고 있다. 이것은 공동체적 사회에서 점점 개인주의적인 사회로 전환되면서 일어나는 한 현상일 것이다.

본문에 나오는 제사장의 옷은 상당히 복잡한 것 같지만 의외로 단순해서 오히려 그 형상을 구체화하는 데 어려움이 있다. 아마도 그 당시는 보편적으로 알려진 사실들을 윤곽적으로 묘사하기 때문에 어려움이 없었겠지만 시대가 많이 흘러간 오늘의 시점에서는 형

상화하기가 쉽지 않다.

먼저 모세에게 아론과 그 아들을 불러 제사장으로 삼으라고 한다. 그리고 아론을 위해 거룩한 옷을 지어 영화롭고 아름답게 하라고 한다(2절). 그의 특별한 직무와 임무를 드러내는 거룩한 옷이다. 흔히 하는 말로 옷이 날개라는 말이 있다. 이 거룩한 옷을 입은 자는 그야말로 그 직분이 얼마나 귀하고 소중한 임무를 맡은 사람인가를 알려준다.

3절에서 이를 단적으로 대변하고 있다. "너는 무릇 마음에 지혜 있는 모든 자 곧 내가 지혜로운 영으로 채운 자들에게 말하여 아론의 옷을 지어 그를 거룩하게 하여 내게 제사장 직분을 행하게 하라." 하나님으로부터 "지혜로운 영"이 채워진 특별한 사람이 그 거룩한 옷을 입는다. 얼마나 감격스런 옷일까? 그러기에 일정한 모양과 규격이 주어져 그를 따르게 하고 있다. 그런 옷을 입고 제사장으로서 하나님을 섬기는 "제사장의 직분을 행하게 하라"(4절하)고 한다.

재료로는 금 실, 청색 자색 홍색 실과 가늘게 꼰 베실이라고 하여 털실을 정교하게 짜라고 한다. 먼저 에봇을 말하는 데 이는 바깥에 입는 옷으로 두개의 띠로 허리에 묶고 위로 두 어깨받이를 에봇에 단다. 그리고 보석을 가져다가 이스라엘의 아들들인 열두 지파의 이름을 새겨 금테로 물린다. 이로써 온 이스라엘 백성을 대신하여 대제사장이 하나님 앞에 나아간다.

판결 흉패도 앞에 말한 실로 정교하게 짜서 만들고 여러 좋은 보석으로 물려서 이스라엘 이름을 새긴다고 한다. 그 안에 우림과 둠밈(빛과 완전함)이라는 제비를 두는데 예전에는 판결할 때 썼던 것이다. 이 판결 흉패 위에 이스라엘 지파들의 이름을 붙이고 그들의 소원을 품어 하나님께 나아간다. 여기 우림과 둠밈은 하나님의 판결을 위함이 아니고 백성들의 소원이나 운명을 아뢰는 데 상징적으로 사용하였다. 또 순금으로 패를 만들어 그 위에 "야훼께 성결"이란 문구를 새기라고 한다. 이는 이스라엘이 드리는 성물이 더러 흠이 있다 할지라도 하나님께서 받으시는 표시이다.

이어서 속옷을 이야기 하는데 이를 위해 띠를 만들고 또한 관을 만들어 영화롭고 아름답게 하라고 한다. 그래서 이를 모세의 형 아론과 아들들에게 입히며 그들에게 기름 부어 위임하고 거룩하게 해서 제사장의 직분을 행하게 하라고 한다(41절). 여기 "위임하다"는 말은 원어에서 보면 '손에 가득 채우다'는 의미로 아마 임직식에서 했던 어떤 특수한 의식의 모양을 상상해 볼 수 있다.

특이한 말은 속바지 이야기를 하면서 허리에서 두 넓적다리에 이르는 범위를 말하고 있다. 이는 하체를 가린다고 하는데 하체란 성적 은밀한 곳을 지칭하는 표현이다. 거룩한 제단에서 제사장이 하체를 드러내면 금기사항을 넘는 일이기 때문이다. 성의 영역은 음침한 악마적 세력들의 침입로로 이를 하나님 예배와는 절대적으로 금지되어야 한다.

이상에서 제사장의 복식을 여러모로 언급해서 제사장이나 성전에서 거룩한 일을 맡은 자들이 엄격하게 복식을 갖추고 예배에 임해야 함을 보여주고 있다. 이스라엘 열두 지파를 대표해서 거룩하게 드리는 예배일진대 그 장엄하고 엄격함은 두말할 것이 없을 것이다.

이를 보면서 느끼는 것은 하나님 앞에 나와서 예배를 드리는 자는 이런 경건의 모습을 갖추고 나와야 마땅함을 느낀다. 사람의 옷은 일할 때, 걸어 다닐 때, 나들이 할 때 등 수없는 일상의 자리마다 다르지만 하나님 앞에 나아와서 예배드릴 때에도 입던 대로라고 하면 예배를 준비하는 정성은 결여된 것이다. 무엇이 하나님 앞에 나와 예배할 때의 마땅한 의복인가는 우리가 깊이 생각해야 할 것이다. 비록 의복은 다르게 되었지만 그때나 지금이나 동일하게 관통하는 의미가 있다면 온 정성이 들어간 경건한 복장이 하나님 앞에서의 바른 복장인 것이다.

중심이 중하지만 형식도 이에 못지않게 중함을 깨닫고 최선의 노력을 다하는 신앙인이 되어야 할 것이다.

위임식과 그 규정들

출애굽기 29장

제사장의 위임식에 대한 규정들이다. 위임을 위해 준비해야 할 것은 먼저 어린 수소 한 마리와 흠 없는 숫양 둘이라고 한다. 그리고 무교병과 기름과자 전병들을 가져오라고 한다. 이런 것들은 세속의 영역과 거룩의 영역을 구분하는 것으로 제사장을 세속의 모습에서 거룩한 영역으로 옮기는 것을 의미하는 성직 수임이다.

그래서 그들을 목욕시키고 제복을 입히며 기름을 붓는 예식을 행한다. 물로 몸을 씻는 것은 신체적인 정결인 동시에 제의적인 정결에 속한다. 그리고 여러 종류의 옷을 만들어 입힌다.

여기서 머리에 기름을 붓는 도유식은 대제사장에게만 해당하는 일로써 일반 제사장은 해당되지 않는다. 이 기름 붓는 예식도 원래는 왕에게 행해졌던 것이지만 포로기 이후에 와서 대제사장에게 베풀어졌던 것이다. 이러한 제왕적 상징물이 왕조의 몰락 이후에 왕으로부터 대사제에게 넘어오게 된 것으로 본다. 이것은 왕이 하던 제의적 기능을 대사제가 떠맡아야 했기 때문이었다. 일반 사제에게는 그런 기능이 없었다. 대신 그들은 제복만 입었던 것이다(9절상).

그 다음에 이어지는 말씀은 속죄제에 대한 언급이다. 수송아지를 회막에 가져와서 머리에 안수하고 잡아서 그 피를 제단의 뿔들에 바르고 피를 전부 제단 밑에 쏟는다. 그리고 일부 지방 부분은 제단 위에서 태우고 마지막으로 희생 제물로 쓸 수 없는 나머지 부분을 성소 밖에서 태워 버리는 것으로 마친다. 이 희생 제물에 의한 제사는 속죄의 효과를 가져 온다고 생각했다. 이는 아론과 그 아들들을 위해 그들이 지을 수 있는 범죄들을 미리 생각하여 드리는 것이다. 모세가 사제로서 그런 일들을 행했던 것이다. 이어서 이번에는 숫양 한 마리를 가져와 머리에 안수하고 잡아 그 피를 제단 위에 뿌리고 제단 위에서 불살라 야훼께 번제로 드린다고 한다.

그 다음에 숫양을 가져다가 성직 수여 예식에 사용하고 있다. 위임식에 사용되는 숫양이다. 피를 약간 바르고 나머지 피를 제단 주위에 뿌림으로 제사를 드리는 자와 하나님 사이에 신비스럽고도 긴밀한 결속 관계가 성립된다. 그렇게 함으로서 제사장은 하나님을 위해 성별되고 거룩하신 하나님의 영역에 들어서게 된다. 성유를 사제들과 그들의 제복에 뿌림으로써 제단의 거룩함이 사제들과 그들의 제복에 옮겨지게 된다(21절).

그리고 희생제물의 식사가 중요한 부분이다. 희생 제물을 일부는 제단 위에서 태움으로 하나님께 드리고 나머지는 희생 제물을 드린 자들이 먹는다. 이는 위임식 제사가 감사제로 하나님과 사람의 식사 공동체가 이루어진다(레 3장). 위임식의 숫양의 나머지 고기는 삶아서 빵을 부식으로 삼아 아론과 그 아들들이 먹는다. 이렇게 하여 희생 제사는 위임식의 숫양으로 종결되고 제사장의 위임식이 완결된다. 그리고 요제의 이야기가 이어진다. 위임식의 숫양 가슴을 가져다가 하나님 앞에서 흔들어서 요제로 삼으라고 한다.

제사장의 위임식에 행해지는 여러 가지 행사는 복잡하다. 따라서 이 위임식은 이레 동안이나 거행되었다. 특히 거룩한 제사에서 사용된 제사 고기는 그날에 먹어야 한다(레 7:18). 그 고기를 먹을 자격은 위임받은 제사장에게만 주어진다.

여기서 동양의 제사를 잠깐 살피면 좀 다른 것을 본다. 옛날에 왕이 제사를 지내고 제사 고기를 여러 신하들, 조정의 중신들에게 골고루 나누어 주었다. 논어는 공자가 한때 왕에게서 제사고기가 전달되지 않자 그 나라를 떠났다고 하는 말로 와전된 것을 전하고 있다. 공자가 그 나라를 떠난 것은 무도(無道)한 정치를 거부하는 저의가 있었는 데 이를 마치 제사고기를 주지 않아서 떠났다는 유치한 말로 모함하는 언급이 있었다. 어쨌든 고대사회에서 제사고기는 나누어 먹는 관습이 그 시대의 문화였음을 보게 된다. 그러나 위임식의 제사 고기는 이와는 달리 아론과 그 아들들만 먹을 수 있었다.

이야기는 이제 백성들의 영역으로 넘어간다. 아마 전에는 아침에 한 번 하던 제사를 아침저녁으로 드려야 했다. 이는 하나님과 그 백성 간의 결속을 표현하는 말로 위임식과는 구별된다. 아마도 이 말씀은 포로기 이후의 관행을 반영한 것으로 본다. 이런 제사가 이스라엘 백성이 대대로 야훼 앞 회막 문에서 드릴 번제라고 한다. 회막은 곧 그 백성이 하나님이 계심을 상징하는 회막에서 하나님을 만나는 의식인 셈이다. 말하자면 회막을 세우고 거룩하게 하여 거룩해진 제사장과 백성이 함께 만나는 거룩한 제의의 장소와 의식을 행하도록 했던 것이다.

이제 성소를 세우고 제사 제도를 제정함으로써 출애굽의 목적이 비로소 완전히 이루어진 셈이다. 하나님은 종된 백성을 해방하시고 그 백성 가운데 거하는 것은 당연한 목표이다. 이것이 회막에서 이루어지는 것이다. 거룩한 하나님을 만남은 더없이 영광스런 일이다. 이 일을 위해서 사람을 세우며 제도를 세우고 장소를 선택해서 당초 출애굽의 궁극적인 목적에 도달하는 것이다. 이 거룩한 제사로써 완성되니 이 제사는 얼마나 귀하고 값진 의식인가? 하나님의 이 속뜻을 알고 소중히 해야 한다.

분향 제단의 문제

출애굽기 30장

만남의 장소인 성막은 지성소와 거룩한 곳으로 나뉜다. 지성소에는 휘장이 쳐져 그 안에 증거궤가 안치되고 휘장 밖 거룩한 곳에는 분향 제단이 있으며 앞에 등잔대가 있고 북쪽으로 진설병을 놓는 상이 있다. 거룩한 곳에 있는 모든 기구는 금으로 물린 것이다. 그리고 성막 밖의 안뜰에는 물두멍과 번제단이 있다. 이것들은 모두 놋으로 둘레를 한 것들이다.

30장의 말씀은 거룩한 곳에 있는 분향단과 안뜰에 있는 물두멍을 말하고 있다. 먼저 분향단은 조각목으로 만들고 뿔을 만들어 금으로 싸며 제단을 메는 채를 만들어 꿰라고 한다. 이것의 위치는 "증거궤 위 속죄소 맞은편 곧 증거궤 앞에 있는 휘장 밖에 두라 그 속죄소는 내가 너와 만날 곳"(6절)이라고 한다.

증거궤와 휘장 사이는 은혜의 자리 이른바 시은좌이며 이는 휘장으로 가려지고 휘장 밖에 분향단이 있다. 이 분향단에서 하루에 두 번씩 반드시(תָּמִיד) 대제사장이 분향을 해야 한다. 여기서 아침마다 그 위에 향기로운 향을 사르는 데 등잔을 매일 아침에 닦아 기름을 새로 넣고 저녁에 켜서 등잔대 위에 올려놓을 때도 향을 살라서 자손대대로 이어져 쉬지 말라고 한다. 분향단에서 아론이 일 년에 한 번 대속죄일에 죄 씻음을 행한다.

이어서 백성의 속전을 말하고 있다. 이른바 인구조사를 말씀하고 있다. 이스라엘 자손의 수효를 조사하되 "자기의 생명의 속전을 야훼께 드릴지니"(12절)라고 하여 인구조사는 하나님의 허락 하에 할 수 있는 것임을 말하고 있다. 다윗이 마음대로 인구조사를 하다가 하나님의 진노를 산 일이 있다(삼하 24장).

그러나 여기서는 하나님의 허락 하에 스무 살 이상 된 사람마다 반 세겔을 속전으로 바침으로 질병을 없게 하신다. 속전을 드림으로 말미암아 재앙막이가 되는 셈이다. 이때에는 부자나 가난한 사람이나 차별 없이 균등하게 바쳐야 한다. 생명에는 차이가 없어 제의적 권리는 균등함을 보여 준다. 부자라고 제의적 권리를 더 가져서는 안 되고 가난한 사람이라고 차별을 당해서도 안 됨을 말한다. 그리고 바쳐진 돈은 모아서 회막 봉사에 쓰인다고 한다. 여기서 중요한 것은 하나님 앞에서는 누구나 다 소중한 존재임을 알 수 있다.

다음은 물두멍에 대한 규정이다. 놋으로 만든 물두멍은 만남의 장소인 회막과 번제단 사이에 둔다. 여기에 물을 담아 아론과 그 아들들이 손과 발을 씻어야 한다. 그래야 그들이 회막에 들고나도 죽지 않는다고 한다. 이른바 정결함 없이는 어떤 이스라엘 사람도 거룩하신 하나님께 가까이 나아갈 수 없다는 것이 정결의식의 중요함이다. 신체적 정결과 제의적 정결 사이에 신비한 관계가 있음을 볼 수 있다.

이어서 관유를 만드는 것을 말씀하고 있다. 22절 이하에는 여러 좋은 향품과 몰약을 가지고 올리브기름과 섞어 관유를 만들라고 한다. 이는 향을 제조하는 법대로 하여 향기름을 만들어 거룩한 관유가 된다고 한다. 이 거룩한 관유를 회막, 증거궤, 상, 기구들, 등잔대, 분향단, 번제단, 물두멍 등 모든 제단의 기구에 모두 바르라고 한다. 그렇게 함으로서 이것들이 거룩한 것으로 구별되고 여기에 접촉하는 것은 신체적으로 거룩하게 된다고 한다(29절). 사람만이 아니라 물건도 기름을 발라서 거룩하신 하나님의 영역에 들어가며 봉헌하여 신성하게 된다. 성별되지 않은 사람이 이런 물건에 접하면 그는 바로 일상에 복귀할 수 없었다. 이처럼 기름으로 새로운 생명력의 주입으로 이해되었던 것이다. 그래서 제사 도구들까지 기름을 바르게 되었다(창세 28:18; 31:13 참조).

그리고 당부한 말씀은 이런 거룩한 기름이 세속의 영역에서 사용되거나 그대로 만들어 다른 목적으로 사용되는 것을 엄격하게 금하고 있다. 거룩한 것을 거룩하게 여겨야지 함부로 사용함은 신성을 모독하는 행위가 아닐 수 없다. 살아가면서 경계해야 할 일은 거룩하고 신성한 영역을 함부로 침범하는 일들이다. 삼가하고 조심하는 것은 얼마나 좋은가?

이어서 향료 제조에 관하여 말씀하고 있다. 분향할 재료의 제조에 관한 것으로 소합향, 나감향, 풍자향을 가져다가 유향에 섞어 향 만드는 법대로 만들라고 한다. 우리는 구체적으로 그런 향들이 무엇인지는 모르지만 귀한 향의 재료였을 것이다. 그리고 거기에 소금을 쳐서 성결하게 하고 그 향을 곱게 찧어 회막 안 증거궤 앞에 두라고 하였다. 또 이것이 밖으로 유출되어 같은 식으로 만들어 써서는 안 된다고도 한다. 하루에 두 번 분향하는 이 향을 거룩하게 여기고 세속의 다른 목적으로 사용되는 것을 엄격하게 금하고 있다.

이상에서 하나님 앞에서의 제의가 얼마나 거룩하게 행해져야 함을 보게 된다. 사람도 물건도 거룩하게 구별되고 엄격한 통제 하에 하나님 앞에 나아가야 함을 보면서 비록 오늘의 예배가 구약의 예배와는 다르지만 하나님께서 요구하시는 내면적 요구는 하나라고 본다. 예배하는 자의 마음과 몸가짐을 성찰하지 않을 수 없다.

하나님의 백성된 표시

출애굽기 31장

어느 사회에나 장인들은 꼭 있어야 한다. 특히나 오늘과 같은 산업사회가 주도하는 시대에는 기술자들이 물산을 장려하고 좋은 물건들을 만들어야 생활에 편리함을 누릴 수 있다. 물적 측면에서 발전은 정신적 개발과 함께 중요한 요소가 아닐 수 없다.

본문은 회막을 위해서 하나님이 기술자를 부르시는 모습으로 특별함을 보여 준다. 모세에게 말씀하여 유다 지파에서 훌의 손자이며 우리의 아들인 브살렐을 지명해서 부르신다고 한다. 그에게 무엇보다 "하나님의 영"을 충만하게 하고 "지혜와 총명과 지식과 여러 가지 재주"(2절)를 주어 금, 은, 놋의 세공을 하도록 하시겠다고 하신다. 그리고 보석을 깎아 물리고 여러 기술로 나무를 새겨서 거룩한 기물들을 만드시겠다는 말씀이다. 성막에서 사용되는 여러 기물들을 만들되 정교한 기술을 가진 기술자들로 하시겠다는 것이다. 거룩한 성막에서 사용되는 물건은 일반 세속의 것들과는 구분되는 거룩한 것이다. 따라서 이를 만드는 사람도 특별한 하나님의 영을 부여

받고 특별한 재주로 솜씨 있게 만들어진 것이어야 한다. 가장 값진 보석과 금, 은 등의 귀한 것들로 치장을 한다.

또 단 지파의 아히사막의 아들 오홀리압을 세워 그와 함께 하시고 "지혜로운 마음"을 가진 자들에게 지혜를 더 부어 물건을 만들게 하신다고 한다. 그래서 회막과 증거궤와 속죄소와 회막의 모든 기구와 상과 순금 등잔대와 분향단과 번제단, 물두멍과 그 받침, 제사장과 아들들의 의복, 관유와 성소의 향 같은 것들을 만들게 하신다고 한다. 이른바 성물들을 거룩하게 구별된 하나님의 영의 부여자들로 하여금 만들게 하신다. 하나님의 성막을 이처럼 최고의 모습으로 치장하는 전통은 유럽의 오래된 교회들이 보여주는 화려한 모습에서 이어지고 있다고 본다. 유럽의 교회들이 세워질 때 경제적 여유가 있어서만 그렇게 화려하고 웅장하게 세운 것이 아님을 기록을 통해서 볼 수 있다. 백성들의 피와 땀의 결실로 된 많은 교회들을 보면서 여러 생각을 하게 된다. 인간적인 과시의 표상은 아닌지 늘 성찰해야 할 것이다. 하나님의 뜻과 생명력은 내면적 요소와 외양의 조화에서 이루어지는 것이다.

이어서 안식일 계명을 지키라고 하신다. 이는 "나와 너희 사이에 너희 대대의 표징"(13절)이라고 하면서 하나님의 백성의 거룩성이 그로 보존된다고 하신다. 안식일을 지키는 것으로 하나님의 백성이 되고 되지 못함을 단적으로 보여준다. 거룩한 백성은 안식일을 준수하는 사람들이다. "너희는 안식일을 지킬지니 이는 너희에게 거룩한 날이 됨이니라"(14절상). 그

러므로 안식일은 거룩한 백성이 되는 조건이다. 그날을 더럽히는 자나 일하는 자는 그 백성 중에서 생명이 끊어진다고 한다. 안식일로 자손대대로안식일"영원한 언약"이 된다고 한다. 하나님과 이스라엘 백성 사이의 특별한 관계의 표식이 바로 안식일의 준수이다. 안식일은 그만큼 중요한 날이다. 하나님을 따르는 백성의 모습은 거룩

하신 하나님의 모습을 닮아야 하는데 이는 곧 하나님의 쉬시는 날에 쉬는 백성의 태도로 확증된다.

오늘날 우리는 하나님의 아들 예수 그리스도가 십자가에 죽으시고 또한 부활 승천하심으로 주님의 날을 기념해서 주일을 지키지만 안식일의 의미도 그와 함께 한다고 본다. 안식일을 하나님께서 특별히 강조한 것을 보면서 우리가 지키는 주의 날의 중요성을 말씀을 통해서 다시 한번 명심해야 할 것이다. 거룩한 하나님의 백성 됨의 표시가 다른 것이 아닌 주의 날을 지키는 것이다.

우리가 거룩한 백성됨의 여부는 세상의 부귀영화를 누리느냐에 달려 있지 않다. 부귀영화도 좋으나 거룩한 백성이 되는 것은 비교할 수 없이 값진 것이다.

돌이키신 화

출애굽기 32장

사람은 하나님과 세속 욕망 사이에서 줄다리기를 한다. 이스라엘 백성들은 그들의 본분을 잊고 세상에 나와 못된 것들을 많이 보고 그에 빨려 들어가 하나님을 망각하는 커다란 실수를 한다. 이러한 현상은 그 시대만의 일이 아니고 어느 시대를 사는 사람이나 마찬가지라고 본다. 맑은 샘물에 오염된 물이 새어들어 오면 마침내 전체는 깨끗함이 사라지고 더러운 물로 채워지고 마는 것이다.

우리 역사에서 정몽주와 이방원의 주고받는 시조에서 그들의 인생관을 엿볼 수 있다.

"이런들 엇더하며 저런들 엇더하리 / 만수산 드렁칙이 얽혀진들 그 엇더하리 / 우리도 이같이 얽혀져서 백년까지 누리리라"는 '하여가(何如歌)'로 정몽주의 마음을 떠보았다. 고려 충신 정몽주는 "이 몸이 죽고 죽어 일백번 고쳐 죽어 / 백골이 진토되여 넋이라도 있고 없고 / 님 향한 일편단심이야 가실 줄이 있으랴"는 '단심가(丹心歌)'로 굳게 맞선다. 그리하여 두 사람의 생은 극명하게 다른 길로 들어서서 후세 사람들을 가르치고 있다. 인간은 현실을 외면하고 살 수는 없지만 정도(正道)를 버린 현실은 짐승들이 가는 길과 별반 다르지 않다.

하나님을 만나 언약의 돌판을 받으러 산에 오른 모세를 기다리던 백성들은 그 사이를 참지 못하고 아론을 부추겨 "우리를 인도할 신을 만들라"(1절)고 한다. 이방의 다른 신들을 보고 그들처럼 되고자 하는 욕망이 발동한 것이다. 당시 주변 나라들에는 다산종교들의 신상이 넘쳐나고 있었다.

어찌된 셈인지 아론은 우매한 백성을 타이르고 깨우쳐서 절대 그런 일을 도모하면 안 된다는 것을 가르쳤어야 함에도 꿀 먹은 벙어리처럼 아무 말도 없이 곧바로 "금고리"를 빼어 가져오라고 한다. 지도자가 잘못되면 모든 사람이 따라서 익사하고 마는 법이다. 그래서 아론은 금송아지를 만들고 "너희의 신"(4절)이라고 어처구니 없는 망언을 하고 만다. 이는 이스라엘이 남북으로 갈리고 북왕국 여로보암 1세가 벧엘과 단에 세운 두개의 금송아지(주전 926년)를 그대로 재현한 것(왕상 12:28 참조)을 생각나게 한다.

어쨌든 아론이 흥분한 백성들 앞에서 겁을 먹고 이런 짓을 했는지 아니면 어찌하여 이런 망령된 짓을 했는지 알 수 없다. 그리고 그 앞에서 먹고 마시고 뛰놀았다고 한다. 우상을 위한 잔치에서 성적광란을 엿볼 수 있다. 이로써 그들이 숭배하는 신의 본질을 알 수 있다. 이를 두고 어떤 학자는 후대에 아론과 대립적 관계에 있는 사제들이 아론의 자손들의 비합법적인 제의에 관여하는 것을 비난하기 위한 의도로 보기도 한다. 어쨌든 제사장의 역할에서 후대에 혼선이 오고 상호 갈등이 있는 것을 감안하면 일면 그럴듯한 풀이로 볼 수 있다. 이런 엄청난 사건이 일어나자 하나님은 모세를 불러 그 백성의 "부패"(7절)를 상기시키며 "그들을 진멸"하신다는 하나님의 진노를 전하신다.

모세로서는 참으로 딱한 일이 아닐 수 없었다. 참으로 염치없는 일이지만 다시 한번 하나님의 용서를 호소하는 길 밖에 없었다. 은혜를 입은 피조물의 반역 사건, 홍수로 인간을 전멸하시려 했던 것과 이 우상 신상을 만들어 광란의 짓을 하는 사건에서 하나님은 참으로 고민에 빠질 수밖에 없었다. 두 곳 모두 하나님은 후회와 함께 진멸을 결심하지만 끝내 하나님의 사랑에 진노의 의지가 누그러진다. 모세가 이런 일로 하나님 앞에 설 때는 얼마나 그 마음이 아프고 죄송했을까? 그가 하나님 앞에 섰을 때 좋은 일로 가지 못하고 그처럼 부끄러운 일로 나설 때 죽고 싶은 심정이었을 것이다. 그는 구차스럽지만 "주의 종 아브라함과 이삭과 이스라엘을 기억하소서 주께서 그들을 위하여 주를 가리켜 맹세하여 이르시기를 내가 너희의 자손을 하늘의 별처럼 많게 하고 내가 허락한 이 온 땅을 너희의 자손에게 주어 영원한 기업이 되게 하리라 하셨나이다"(13절)라는 말로 하나님을 번란하게 한다.

이 말에 차마 못하시는 하나님의 고뇌를 엿볼 수 있다. 모세는 인간적으로 이스라엘의 생명의 은인이다. 만고에 걸쳐 이스라엘은 이 모세의 공을 잊을 수 없을 것이다. 하나님으로부터 한숨 돌린 모세는 식은땀을 흘리며 산에서 두 돌판을 가지고 내려와 백성들 앞에 나서게 되었다. 백성들이 아무것도 모르고 송아지 앞에서 춤추고 광란을 벌리고 있는 것을 목격한다. 너무도 큰 충격에 그는 들고 있던 두 돌판을 던져 버려 산산조각이 났다. 그는 금송아지를 가져다가 불로 태워서 가루로 만들어 물에 타서 백성들의 주둥아리에 넣었다. 이른바 '저주의 물'이었다. 이 저주의 물을 마심으로 그들의 죄가 얼마나 가증한 것임을 확인해 주었던 것이다. 직접 죄를 먹고 마시게 했던 것이다.

모세는 아론을 불러 어찌하여 이 백성을 이처럼 큰 죄에 빠지게 했냐고 추궁한다. 아론은 궁지에 몰려 모세의 더디 옴과 이를 참지 못한 백성들의 요구로 신들을 만들라고 해서 금을 모아 불에 던졌더니 이 송아지가 나왔다는 궁색한 핑계를 하고 있다. 모세는 이제 하나님 편에 있는 레위의 남은 자들을 모아 칼을 차고 문에 서서 오가는 형제들, 친구들, 이웃들을 죽임으로 본보기를 보인다. 그래서 죽은 자가 삼천이나 되었다고 한다. 이 사건으로 통해서 볼 수 있는 한 가지는 레위인이 아론의 잘못을 처리하고 자기들이 제사장의 적임자들임을 보였다는 점이다. 이 이야기로 제사장직을 둘러싼 후대의 대립을 반영하는 것을 볼 수 있다.

이러한 죄에 대한 엄한 처리로 모세는 하나님께로 나아가 새로운 출발과 함께 속죄를 기원하려 한다. 그는 하나님 앞에서 백성을 대신하여 크게 회개한다. 그리고 아울러 용서를 빈다. 그게 허락되지 않는다면 "주께서 기록하신 책에서 내 이름을 지워 버려 주옵소서"(32절)라고 하여 '생명책에서의 지움'이라는 마지막 승부를 걸고 결단한다.

이에 하나님은 결연한 그의 모습에서 마음이 누그러지고 다시 한번 기회를 주면서 "내가 보응하는 날"(34절하)이라는 여로보암의 죄로 인한 북왕국의 멸망을 암시하는 보응을 천명하신다. 혹독한 죄의 대가는 다름 아닌 금송아지 때문이었다. 무지한 백성이 만든 금송아지는 얼마나 가증한 죄악이었는가?

하나님의 임재

출애굽기 33장

이스라엘 백성을 위해 하나님이 세운 종 모세는 백성을 하나님의 목적대로 이끌어 갈 때 참으로 어려움이 많았음을 보게 된다. 하나님의 명령은 이제 모세로 하여금 백성을 이끌어 조상들에 약속한 한 땅을 향해 떠나라고 하신다. 약속의 성취를 향해서 발걸음을 옮겨야 했던 것이다. 비틀거리는 백성들의 발걸음을 바로잡아 목표점을 향해 나감은 오로지 하나님의 선하신 이끄심이 그 근원에 있다.

하나님은 직접 참여하시지 않고 하늘의 사자로 하여금 그들의 길을 함께 하신다는 말을 하신다. 그들은 "목이 곧은 백성"(3절)이란 부끄러운 이름이 붙여지고 있다. 백성들은 제멋대로 금송아지를 만들어 섬기는 가증스런 죄악을 저질렀다. 이를 보건데 하나님이 직접 동행하신다면 진노가 더해져 이번에는 진멸하는 일까지 벌어지지 않는다는 보장이 없다. 하나님의 화난 모습과 버림을 직감한 그들은 슬픔을 이기지 못하고 몸단장을 하지 않았다고 한다. 돌이킬 수 없는 죄를 지은 자들이 무슨 그런 여유를 가지겠는가?

하나님은 그들로 하여금 몸의 장신구를 제거하라는 명령을 하신다. 그들은 당장 호렙산에서 몸의 패물을 떼어 낸다. 몸에서 장신구를 버림은 하나님 앞에서 깊이 뉘우친다는 회개의 표시이다. 진심어린 회개야말로 하나님의 새로운 은혜의 출발을 바라볼 수 있는 계기가 되기 때문이다. 씻음 없는 새 출발은 없다. 살면서 때로 허물에 물들어 길이 막힐 때 몸과 마음을 닦고 새롭게 출발해야 한다.

예전에 탕왕의 그 '목욕조'에 "구일신이어든 일일신하고 우일신이라하며(苟日新 日日新 又日新)"를 보며 목욕을 했다고 한다. "진실로 날로 새롭거든 날날로 새롭고 또 날로 새롭게 한다"는 말이다. 몸만이 아니라 마음이 먼저 날마다 새롭게 나서야 한다는 말이다. 이스라엘 백성은 하나님 앞에서 큰 악을 지었으니 이제는 이를 완전히 제거하는 뜻에서 일체의 장신구를 버리고 하나님의 자비를 다시 바라보아야 한다.

모세는 이제 하나님을 만나는 장소로 장막을 설치한다. 장막은 하나님이 거주하시는 곳은 아니지만 때때로 현현하시어 모세와 사람을 만나는 곳이다. 이 장막은 사람들이 거주하는 곳에서 떨어진 곳에 설치하여 세속과 분리함을 보여준다. 하나님과 모세의 만남의 장소, 하나님을 앙모하는 자가 하나님을 만나는 곳으로 백성이 하나님께 예배를 드리는 곳 증거궤가 있는 성막과는 다르다.

이제 백성은 회개하고 하나님의 임재를 통한 선하신 일을 기다려야 한다. 모세가 회막으로 나감에 백성들은 이를 멀리서 바라볼 때, 구름 가운데 하나님이 모세와 말씀하셨다고 한다. 하나님과 모세의 대화는 마치 친구와 이야기하는 것 같았다고 한다. 다른 어떤 사람에게도 허락되지 않은 대화가 모세와 더불어 이루어진다. 모세를 얼마나 친밀하게 만나시는 하나님이신가를 보이는 말씀이다.

모세는 야훼께 아뢰기를 자기와 함께 보내실 자를 지시해 주시기를 바란다. 아울러 자기의 백성을 주의 백성으로 여겨 달라고 간청한다. 모세의 역할이 참으로 많지만 특히 하나님과 백성 사이의 중개자로서 중요한 일을 잘 수행하는 것을 본다. 모세가 아니면 누가 그 일을 잘 감당했을까 싶다. 모세가 꼬치꼬치 자상하게 하나님의 말씀을 여쭈고 받는 모습은 참으로 감동적이다. 어떻게 하든지 못난 백성을 특별한 민족으로 세워가는 것을 본다. "나와 주의 백성을 천하 만민 중에 구별"(16절)하신 하나님을 환기하고 있다. 그래서 끝내는 하나님의 허락을 받아내는 끈질긴 모습을 보여 준다.

모세는 주의 영광을 보기 원하지만 그 영광은 하나님의 근본적인 본질로서 사람이 보면 죽을 수밖에 없는 광채이다. 그런데 모세에게 이런 극한적인 상황에도 들어가도록 하는 놀라운 일이 허락되고 있다. 야훼가 계시는 곳 근처의 한 지점의 바위에 야훼의 영광이 지나갈 것을 말씀하신다. 이때에 야훼 하나님은 손으로 모세를 덮어 보호해 주시겠다고 한다. 그리고 모세는 그 영광이 지나간 후에야 비로소 뒷모습만 볼 수 있게 해 주신다. 즉 모세는 야훼의 영광이 그의 곁을 지나가는 사실만으로 감격하고 만족해야 했다. 어찌하여 모세에게만 그런 특별한 은혜를 베푸시는가? "나는 은혜 베풀 자에게 은혜를 베풀고 긍휼히 여길 자에게 긍휼을 베푸느니라"(19절하).

하나님의 은혜는 전적으로 하나님의 자유로운 자비에 근거한 것으로 그 어떤 인간적인 전제에도 매이지 않는다는 것을 보여준다. 그저 겸손한 마음으로 살아가며 하나님의 선하심을 바라볼 뿐이다. 모세는 하나님의 특별한 은혜를 받은 자로서 하나님의 "모든 선한 것"이 그 앞에 지나고 "야훼의 이름"을 알려 주심으로 하나님이 함께 하심을 알게 하신다. 이보다 더 큰 은혜와 사랑이 인간에게 어떻게 가능하겠는가?

임마누엘의 하나님이 함께 하심보다 더 큰 복은 없다. 모세는 하나님으로부터 그런 큰 복과 은혜를 받고 백성을 이끌고 있다.

동행하옵소서

출애굽기 34장

말썽 많은 백성 덕분에 모세는 고생을 많이 한다. 처음 돌판을 내던졌지만 모세는 두고두고 그 일을 생각하면 분한 마음과 함께 회한이 많았을 것이다.

백성을 어떻게 해야 하나를 날마다 고민하던 차에 하나님께서 다시 모세를 찾으신다. 그리고 있을 법하지 않은 말씀을 하시는 데 다름 아닌 돌판을 처음처럼 다시 다듬으라는 말씀이었다. 그는 얼마나 놀랐을까? 감지덕지해서 황급히 돌판을 다시 깎아 그것을 메고 시내 산에 올랐다. 하나님께서 모세의 곁을 지나시며 하시는 말씀 "야훼라 야훼라 자비롭고 은혜롭고 노하기를 더디 하고 인자와 진실이 많은 하나님이라"(6절)고 하시면서 당신의 이름의 뜻을 확실하게 알려 주신다. 이는 백성들의 불신실함과 변덕스러움과 극명하게 대조되는 '자비', '인자', '진실'을 천명하는 말씀이다.

특히 야훼 하나님은 "선포"하신다고 하여 큰 소리로 알려 주심을 말하고 있다. 그리고 하나님 스스로 자신을 가리켜 이처럼 말씀하심은 특별한 의미가 있다고 본다. 그리고 하나님의 속성과 용서를 말씀하면서 면할 수 없는 벌을 언급하신다. 특히 인자와 벌을 대조하면서 하나님의 본심은 진노를 훨씬 능가하는 인자임을 말씀하신다. 그래서 보응이 삼사 대라면 "인자는 천대까지" 베푸신다고 한다.

감읍한 모세는 엎드려 경배하며 "주는 우리와 동행하옵소서 이는 목이 뻣뻣한 백성이니이다 우리의 악과 죄를 사하시고 우리를 주의 기업으로 삼으소서"(9절하)라고 간청한다. 죽을 죄 외에 아무것도 없음을 고백하며 용서를 빌며 기업, 곧 하나님의 소유된 백성으로 삼아달라고 한다. 다시 말해 한없이 넓은 하나님의 자비를 구한다. 이는 후대의 유대인이 금식하며 읽는 유명한 토라의 한 부분이기도 하다.

이를 수락하시는 하나님은 가나안 땅의 사람들을 쫓아내며 그들과는 일체 관계를 갖지 말라고 당부한다. 벌써 가나안 정착생활을 염두에 두시고 하시는 말씀이다. 오히려 적극적으로 그들의 제단들을 헐고 상을 찍으라고 한다. 가나안 땅은 풍요다산의 신들이 뒤덮고 있으며 마치 이스라엘 백성이 빠지기 쉬운 우상신들이 많이 있음을 전제하고 있다. 이스라엘이 지금까지 살아온 발자취를 뒤돌아보면 탐심에 지극히 약했던 백성이었다.

반면에 하나님은 질투하시는 하나님이라고 한다. '카나'(קַנָּא)라는 이 질투는 열정과 관련 있는 말로 '온전한 충성'을 말한다. 말하자면 빈틈없는 마음을 바쳐야지 그에 미치지 못하는 열정은 하나님께 기쁨을 주지 못하는 것이다. 만약에 그들의 자녀들과 혼인이라도 해서 그들의 신을 조금이라도 용납한다면 이는 온전한 충성과는 거리가 있음을 아시고 하는 명령이다. 신상은 흔히 주변 종교들에게서 볼 수 있는 현상이다. 그들은 야훼 하나님의 신상도 만들어 섬기는 일이 있어서는 안 됨을 말한다.

안식일을 잘 지킬 것이며 이는 농사철에도 해당한다고 한다. 농사일이 한참 바쁠 때는 강아지 손길 하나도 아쉽다고 하는데 그런 때에도 안식일은 지키라고 한다. 유월절, 칠칠절, 수장절을 지키라고 한다. 이 명절은 모든 남자들이 해마다 세 번씩 예루살렘으로 하나님을 뵈려고 순례의 길을 떠나야 하며 이때에 그들의 소유지에 이방인들이 침략하지 못하도록 야훼 하나님이 돌보아 주시겠다고 약속하신다.

이스라엘 역사의 초기에는 성소들이 여러 곳에 많이 있어서 그런 일이 없었지만 왕국 시대가 되면 예루살렘 성소만 있어서 먼 지방으로부터 순례의 길을 떠나면 오랜 기간을 집을 떠나야 했던 것이다. 이어서 모세는 사십 일 사십 야를 시내 산에 있으면서 일체 먹고 마시는 일을 하지 않았다. 하나님과의 만남에 일체의 사람으로서의 욕구와 관심을 넘어서는 모습을 보인다. 인간의 차원을 넘어선 것이다.

하나님과의 친밀하게 지낸 그가 산에서 내려오니 얼굴은 광채가 난다고 한다. 여기 광채가 난다는 말의 어근을 보면 '뿔'을 나타내는 말과 같아서 제롬의 불가타의 라틴어 번역은 뿔이 달린 모세로 번역하였다. 이 번역은 중세와 르네상스의 회화에도 영향을 미쳐서 뿔난 모세를 그린 것을 볼 수 있다. 유명한 미켈란젤로의 모세도 그렇게 그려져 있지만 뿔난 모세로 묘사함은 그 본래의 의미에 적합하다고 볼 수 없다.

모세는 백성들과의 만남에서 수건으로 자기의 얼굴을 가렸다고 한다. 가리개는 일종의 가면으로 흔히 사제가 가면을 쓰는 것은 종교사적으로 보면 여러 지역에서 보여준다(이집트 등). 사제가 가면을 쓰는 것은 그가 섬기는 신적 존재의 얼굴을 대신함으로 그 신적 존재와 사제가 동일시하는 것이었다. 이스라엘에서 이런 관습이 어디에서 행해지고 언제 행해졌는지는 더 이상 알 길은 없다. 오직 모세만이 유일하게 그런 가면을 씀으로 하나님의 빛남을 백성들이 볼 수 없고 신적인 광채를 가려야만 했던 것이다.

이상에서 모세를 통해 두 번째 돌판 십계명을 받게 되고 모세로 말미암아 그들이 하나님께 나아가는 마지막 기회를 잡은 셈이다. 모세야말로 이스라엘이 하나님께 나아가는 유일한 통로이다.

감동의 예물

출애굽기 35장

35장 이하는 성막의 건립에 관한 말씀이다. 모세는 모든 이스라엘 회중을 모아 놓고 야훼 하나님의 말씀을 전한다. 안식일을 지키는데 느슨한 마음으로 소홀히 해서는 안 된다는 점을 강조하고 있다. 엿새 동안은 열심히 일하고 일곱째 날은 "너희를 위한 거룩한 날"이기에 하나님께 엄숙하게 그 날을 지키라는 말이다. 그의 강도가 얼마나 엄격한가를 "이 날에 일하는 자는 죽일지니"(2절하)라고 하여 극단적인 말을 전하고 있다. 다시 말해 틀림없이 안식일을 지키라는 말이다.

세상에 생명을 거는 일보다 더 중한 일이 있겠는가? 안식일을 지킴에는 생명을 걸어야 하는 것이다. 집에서 심지어 불도 피우지 말라고 한다. 이 말씀을 랍비 전승에서는 그 날에 불을 피우는 일은 안 되나 이전에 피운 불은 사용해도 된다고 해석한다. 반면에 카레이트 유대인(Karaite Jewish)들은 이전의 불도 사용해서는 안 되고 모름지기 안식일은 어둡게 지내야 한다고 한다. 인간적으로 생각해

보면 불 피우는 일이 무슨 일이라고 그것조차 금했을까?

그러나 그런 일을 통해서 온전한 쉼을 가르치고 있다. 안식일은 예루살렘 성전이 파괴된 후에 유대인 사회에서 더욱 하나님의 구원의 표시로서 큰 의미를 가진다. 따라서 불로 음식을 만드는 중요한 일도 안식일에는 금했기에 그 전날인 준비일에 예비해야 했던 것이다. 오늘날 안식일을 맞아 더러 이스라엘 사람들이 식구들을 데리고 호텔에서 지내는 것을 보면 계명을 지키려는 한 모습을 볼 수 있다. 호텔의 종사자들은 어떻게 안식일을 지키는지 궁금하기도 하다. 유대인들이 보기에 그들은 안식일 규정을 지키지 않아도 된다고 생각하는지 모르겠다. 여러 가지를 생각하게 하는 문제이다.

또 모세는 모든 회중을 향하여 전하고 있다. 회중이 가진 물건을 야훼께 바치라고 한다. 금, 은, 동 그리고 여러 가지 귀한 실과 가죽, 조각목, 등유와 관유, 향품, 호마노, 에봇, 보석 등 그 외에 여러 가지이다. 그리고 지혜로운 자로 하여금 하나님께서 명하는 물건을 만들라고 한다. 여기에서의 지혜는 일종의 공예품을 잘 만들고 다루는 사람을 두루 부르는 호칭이다. 일종의 기술을 가진 사람을 지혜를 가진 사람으로 포함할 수 있는 것이다. 그들이 성막, 천막, 덮개, 갈고리, 널판, 띠, 기둥, 받침, 증거궤, 그 채, 속죄소, 휘장, 상, 그 채, 등잔대, 분향단, 번제단, 포장, 문의 휘장, 장막 말뚝, 거룩한 제사장의 옷 등의 수없는 물건들을 만들어야 한다. 이처럼 많은 물건들을 만들기 위해서 이스라엘 사람들은 집안의 귀한 물건들을 하나님께 예물로 바친다. 어떤 사람은 팔찌, 귀고리, 가락지, 목걸이, 여러 금품을 예물로 드렸다. 이처럼 모든 이스라엘 사람들은 그들의 마음에 감동하는 대로 예물을 드린다.

여기서 특징적으로 드러나는 것은 모두가 예물을 드리되 백성이 기꺼이 자발적으로 드렸다는 점이다. 그렇게 함으로 자신들이 거룩한 일을 한 부분 담당한 것이다. 이 모든 것은 하나님의 명령을 그대로 순종하는 모습이다.

이러한 예물들이 모였음으로 이제는 거룩한 장소에서 사용될 성물들을 만들어야 했다. 그래서 사람을 부르는 데 앞의 장에서 언급한 브살렐을 부르시고 그에게 하나님의 영을 충만케 하여 지혜와 총명과 지식으로 모든 일을 감당케 하신다고 한다. 다른 일을 위해서도 오홀리압을 감동시켜 가르치고 동일한 은혜를 주어 일을 맡겼다. 하나님께서 사람을 부르시고 적절하게 사용하시기 위해 알맞은 기술과 지혜를 주시고 거룩한 일을 빈틈없이 수행하게 한다. 사람들이 하나님의 일을 감당하면서 하는 일들이 이처럼 하나님의 도구로 나설만한 모습이 되어야 할 것이다. 자신들의 기술을 자랑하고 인간적인 기교로 일이 된다면 아무리 화려하고 아름다워도 과연 탐탁한 물건들이 될 수 없을 것이다.

사람이 자랑할 것은 없다고 본다. 오직 하나님의 말씀에 따라서 성실하게 이루어지는 것으로 마쳐야 할 일이다. 하나님의 일은 하나님이 하심을 보며 인간은 따르기만 하면 되는 것이다. 여기서 보여주는 것은 하나님의 일을 함에 있어서 모두가 마음에 감동을 받고 자발적으로 기쁨으로 나서서 하는 것을 본다. 이것이 거룩한 백성됨의 표시이다. 하나님의 은혜를 맛본 사람들의 특징은 누가 시켜서 하는 수동적인 태도가 아니고 스스로 마음에 우러나와서 기쁜 마음으로 하는 아름다운 모습이다.

알고 보면 천지가 모두 하나님의 것이지만 우리가 이를 바치는 기쁨은 드리는 자가 느끼는 특별한 것이다. 내 것이 아니지만 내가 가진 것을 드려서 하나님의 신령한 은혜를 항상 누리는 비밀을 가진 자들이 되어야 할 것이다.

성물을 위한 열심

출애굽기 36장

우리가 하는 일에 명분이 있으면 그렇게 힘없이 사라지지 않는다. 이스라엘 백성들은 성소를 지으라는 하나님의 명령에 너도나도 가진 물건들을 예물로 드린다.

거룩한 일을 위해 하나님께 바치는 일이지만 자발적으로 드리는 일이 처음엔 그렇게 순탄하지만은 않았는지 모른다. 누구를 막론하고 자신의 것을 내놓는 일은 아까울 것이다. 그런데 이스라엘 백성들은 성소를 위한 헌물에서 아주 열성적인 모습을 보여주고 있다. 모세는 백성들의 호응이 넘치자 그만 가져오라고 명한다. 지금까지 들어온 것만 해도 쓰고 남음이 있기 때문이었다. 이제 브살렐을 중심해서 지혜를 가진 장인들에게 할 일만 남은 셈이다. 먼저 장인들은 열 폭 휘장으로 성막을 만든다.

성막은 가늘게 꼰 베실로 그룹들을 무늬 놓아서 짜서 지었다고 한다. 사실 우리는 이런 설명들이 실감이 나지 않을 정도로 쉽게 이해는 되지 않는다. 여기의 설명들은 26장의 언급과 많은 부분에서

겹치기도 한다. 성막을 덮는 막을 만드는 데는 염소 털을 써서 열한 폭을 만든다고 한다. 거기에는 각각의 규격이 있고 또 휘장들을 연결해서 고리를 단다. 또 널판들은 조각목으로 만들며 그 규격도 언급되고 있다. 이를 남쪽으로 널판이 스무 개며 그 밑에는 은 받침 마흔 개를 만든다고 하였다. 또 북쪽을 위해서는 널판 스무 개를 만들고 은 받침 마흔 개를 만들어 판 밑에 각각 두 개를 쓴다고 한다. 서쪽을 위해서는 널판 여섯 개를 만들고 장막 뒤 두 모퉁이 편을 위해 널판 두 개를 만들며 아래서부터 위까지 각기 두 겹 두께로 윗고리에 이르게 하며 두 모퉁이 쪽을 모두 그렇게 한다. 거기에 쓰이는 널판은 여덟 개요 그 받침은 은 받침 열여섯 개로 각 널판 밑에 두 개씩 둔다고 한다.

이제 띠를 만드는 것을 말하는 데 조각목으로 만들며 이쪽을 위해서는 다섯 개요 성막 저쪽을 위해서는 널판 역시 다섯개며 성막 뒤 곧 서쪽 널판을 위하여 다섯 개라 한다. 그 중간에 띠를 만들되 널판 중간 이 끝에서 저 끝에 미치게 하며 널판은 금으로 싸고 그 널판에 띠를 꿸 금 고리를 만들고 그 띠도 금으로 싼다. 이제 휘장을 만드는 데는 청색 자색 홍색의 실과 가늘게 꼰 베 실로 휘장을 짜고 그 위에 그룹들을 정교하게 수를 놓으며 조각목으로 네 기둥을 만들어 금으로 싸며 그 갈고리는 금으로 기둥의 네 받침은 은으로 부어 만든다. 그리고 역시 휘장을 만드는 데 청색 자색 홍색 실로 장막문을 위하여 만든다.

이런 하나하나의 설명은 좀 지루한 설명처럼 보인다. 그러나 이런 규정들을 통해서 성막의 여러 기구들이 정성을 들여 만들어져야 함을 강조하고 있다. 동서양을 막론하고 제사를 드리는 일은 인생사에서 가장 소중하게 다루어지는 것을 볼 수 있다. 동양에서도 제사를 하기 위해서는 제관을 선발하고 며칠 전부터 근신하고 조심해서 잠자리조차 삼가고 제사를 준비하는 것을 볼 수 있다. 흔히 하는 말로 목욕제계하는 것은 모두가 제사를 중히 여긴 풍습을 여실히 보여주는 말이다. 구약성서에서 제사에 관한 여러 규정들이 있지만 성막이나 그 안에 쓰이는 그릇들도 귀하게 다루어져야 함을 강조한다. 규격이 길면 어떻고 짧으면 어떤가라는 의문이 있을지 모르나 전통이란 오랜 세월을 지내면서 이룩된 것으로 중요한 의미가 있다. 따라서 형식은 아무래도 된다는 생각을 가져서는 안 된다. 형식과 모든 제도들이 그 나름대로 큰 의미를 가진다고 볼 때 임의로 바꾸는 잘못이 있어서는 안 될 일이다.

구약의 종교가 이제 출애굽 이후에 서서히 그 틀이 잡히고 일정한 형식을 이루어가는 과정을 보게 된다. 한마디로 구약의 종교적 역사의 처음 부분을 살펴보는 셈이다. 역사 없는 종교는 뿌리가 없는 것이다. 유구한 역사의 시초를 보면서 오늘의 입장에서 소중한 무엇을 느끼게 한다.

소중한 예배 용구들

출애굽기 37장

이 부분은 25장에서 설명한 것을 다시 언급하고 있다. 대개 비슷한 내용이지만 자세히 살펴보면 약간의 변동이 있다. 즉 25장의 제의 도구들의 설치와 사용을 일부 제외하고 있다(25:15, 16, 21, 22, 30, 37, 40 등).

먼저 언약궤를 만드는 것을 말하고 있다. 언약궤는 역시 조각목으로 만드는 데 일정한 규격으로 할 것이며 이를 순금으로 안팎을 싼다고 한다. 그리고 위쪽 가장자리는 돌아가며 금테를 두른다. 나무로 만들고 금으로 치장하는 것은 언약궤가 얼마나 소중하고 거룩한 것인가를 단적으로 보여 준다.

그리고 속죄소도 역시 금으로 만든다. 진설병을 놓는 상도 조각목으로 만들고 똑같이 순금으로 싸고 두른다. 또한 거기에 따른 소도구들도 금으로 만든다. 참으로 많은 금이 필요할 수밖에 없다. 등잔대도 역시 순금으로 한다. 등잔대는 히브리어로 메노라(מְנוֹרָה)인데 기독교에서 귀하게 여기듯이 후대에 들어 유대교에서 귀하게 여기는 상징물이다. 메노라는 진리의 빛을 밝힌다고 생각하여 회당이나 가정 관청할 것 없이 이스라엘의 도처에서 볼 수 있다. 이 등잔대는 가지가 여섯으로 중앙의 줄기를 중심으로 세 가지씩 좌우에 달린다.

그 외에 다른 도구들도 모두 금으로 만들었다. 이어서 분향단을 만드는데 일정한 규격으로 만들되 순금을 입히고 금테를 두른다. 여기에 관유와 향품으로 향을 만들었으니 정결하게 만든다고 한다.

이처럼 성막 안에 들어갈 모든 제의 도구들이 하나같이 금으로 싸고 두름으로 지극히 귀하게 만드는 것을 볼 수 있다. 여기서 중한 것은 모든 것에는 정해진 규격이 있다는 점이다. 길이 하나하나도 사람이 정한 것이 아니라 하나님께서 모세에게 명하신 규격이다. 무엇보다 중요한 것은 사람의 생각대로 정한 것이 아니고 하나님의 뜻으로 이루어진 것이다.

번제단 그리고 비용

출애굽기 38장

번제단의 제작에 관한 말씀이다. 번제단은 규격대로 만들되 이를 놋으로 싼다. 앞장의 다른 것들이 대개 금으로 처리된 것과는 달리 놋으로 싼 것을 보면 그 중요성에 어떤 차별이 있는 듯하다.

이어서 물두멍을 만드는데 역시 놋으로 만든다. 이것은 회막에서 수종드는 여인들의 거울이 되기도 했다고 한다. 구리는 반질반질하게 닦으면 그야말로 훌륭한 거울이 된다. 먼 옛날에는 어느 나라든 구리거울[銅鏡]을 많이 사용하였음이 고고학적 발굴로 증명되고 있다. 얼굴을 화장하는 역사가 인간 역사만큼이나 오래된 것을 보면 신기한 느낌이 든다. 옛 사람도 화장하며 거울도 보고 아름답게 하려고 애쓴 것을 볼 수 있다. 이런 점에서 지금이나 옛날이나 사람의 심리는 다 한가지라고 생각한다.

번제단에 이어 뜰에 대해 언급한다. 기둥 20개를 사방으로 박아 세마포로 된 포장을 둘러친다. 또한 성막이나 말뚝은 모두 놋으로 만들었다. 그리고 성소를 건축함에 들어간 비용은 금이 29달란트와

730세겔이다. 은은 성소의 세겔로 100달란트와 1775세겔이다. 그 외에 다른 것을 위한 금액을 계수해 주고 있다. 이런 것을 보면 성소를 위한 그들의 헌금이 참으로 컸음을 알 수 있다. 그들이 하나님을 향한 예배가 얼마나 삶에서 큰 비중을 차지하는지 알 수 있다.

야훼께서 명령하신 대로

출애굽기 39장

39장은 제사장의 옷을 짓는 법을 언급한다. 그리고 모세가 이를 검사하였다. 먼저 아론을 위해 거룩한 옷을 만들었다고 한다. 옷이나 에봇 등의 물건들을 만들어서 인정을 받으며 이에 복을 받는다고 한다. 우리는 후렴구처럼 등장하는 말에 주의해야 할 것이다. 그것은 다름 아닌 "야훼께서 모세에게 명령하신 대로 하였더라"(5, 7, 21, 26, 29, 31, 43)라는 말씀이다. 이것은 이스라엘 백성이 그간 말할 수 없는 고난을 겪으면서 하나님의 위대한 역사로 이룬 출애굽을 한없는 만족의 표현으로 이해해야 할 것이다.

이 말씀과 43절의 "모세가 그들에게 축복하였더라"는 말씀으로 완결되는 데 이 말씀은 창조 본문의 끝 부분에 등장하는 말을 생각나게 한다. 모세는 지금까지 모든 물건을 하나님이 명령하신대로 만들어 가져왔을 때에 이를 확인하고 그 일에 참여한 모든 사람에게 "축복"하였다. 이는 창세기에서 하나님께서 창조 후에 안식할 때 그렇게 하셨으며 창조를 심히 기뻐하셨던 것을 연상하게 한다.

이로써 하나님이 자기 백성 가운데 계심이 출애굽 사건과 창조의 목적에서 모두 충족됨과 상응함을 알 수 있다. 이처럼 모든 일이 하나님의 뜻대로 이루어진다면 하나님이 기뻐하시고 그에 따라 오는 것은 하나님의 "축복"이다.

성서의 중요한 주제가 순종임을 모르는 사람은 없을 것이다. 그럼에도 사람들은 순종의 미덕을 버리고 불순종의 길을 걷는 때가 얼마나 많은가? 살아가면서 무엇이 순종하는 길인가를 항상 생각하며 거기에는 적지 않은 상상력을 발휘해야 할 것이다. 때로 완악한 순종으로 말씀의 표피에 머물러 진정한 속 뜻을 외면하는 어리석음이 있는데 이 또한 경계하면서 진정한 순종의 길을 걸어야 할 인생이다.

말씀이 전하는 바른 길에 어떻게 들어 설 수 있는가? 그 판단의 기준은 말씀을 균형감 있게 골고루 살피며 심도 있게 읽고 공부하는 가운데 얻어지는 힘든 대가일 것이다. 누구도 말씀을 다 안다고 하는 섣부른 판단과 오만으로 성서를 멀리하는 그리스도인이 된다면 큰 잘못을 범하는 것이다. 간혹 어떤 사람들은 스스로 말씀을 전유한 것처럼 착각하고 겸손하지 못한 것을 본다. 진정으로 아는 자는 늘 아는 게 부족하다고 느끼는 사람처럼 사는 사람이다. 자기 부족을 안타까이 여길 때 앎으로 나아가는 계기를 얻는다.

명심보감(明心寶鑑)에 보면 "선 보기를 미치지 못한 것처럼 하며 불선 보기를 끓는 물 더듬는 것처럼 하라(見善如不及, 見不善如探湯)"는 문자가 있다. 공자가 한 말이지만 좋은 것은 늘 내가 미치지 못한 것으로 생각해야 진전이 있지 만족하면 더 이상의 발전은 기대할 수 없다는 말이다.

어찌 말씀 연구를 게을리 하겠는가? 실로 말씀은 날로 새로운 것이다. 예전에 많이 읽은 말씀임에도 마치 처음 보는 말씀처럼 다가오는 경우가 얼마나 많은가? '이런 말씀이 있었던가?' 하는 느낌을 자주 받는다. 감탄하지 않을 수 없다. 한 순간에 시계(視界)가 탁 트이는 경우가 그런 것이다. 그 감격과 기쁨을 무엇에 비교할 수 있겠는가? 평생토록 말씀을 읽어도 다 이르지 못할 말씀의 깊이이다. 그러니 어찌 게을리 할 수 있겠는가? 땅속 수백 미터 속에 들어가 광맥을 찾아 금맥을 찾는 광부의 심정을 헤아리며 믿는 사람도 그에 못지않은 열정을 가져야 할 것이다.

말씀을 늘 새롭게 읽고 연구해서 더 깊이 들어가 하나님의 뜻을 터득해야 한다. 그래서 죽는 날까지 말씀을 가까이 하며 믿음을 돈독히 해야 한다.

성별과 축복

출애굽기 40장

마지막 장은 만남의 장소를 세우고 성별하는 말로 시작한다. 야훼 하나님은 모세에게 성막을 짓고 그 안에 증거궤를 들여 놓으며 휘장으로 가리라고 한다. 그리고 여러 가지 성물을 배설하라고 하였다. 하나하나 배치하는 것이 구체적으로 언급되고 있다.

그런 배열 다음에 "모든 기구를 거룩하게 하라 그것이 거룩하리라"(9절하)고 한다. 이 거룩하게 하는 말씀은 계속되고 있다. 처음도 거룩이며 마지막도 거룩해야 한다. 그리고 아론과 그 아들들을 데려다가 거룩한 옷을 입히고 기름을 부어 거룩하게 직분을 행하게 하라고 한다. 이제 모든 일이 마치게 됨에 제사장의 직분이 마지막으로 잘 이루어져야 했던 것이다. 그래서 모세가 이를 다 행해서 마친다.

"야훼께서 모세에게 명령하신 대로 되니라"는 말씀이 여러 번 나온다. 각각의 일들을 승인하는 모습으로 볼 수 있다. 이렇게 함으로 제사에 관한 모든 일들이 조금도 흠 없이 잘 진행되었음을 알 수 있다.

이러한 일들이 있은 다음에 비로소 구름이 회막을 덮고 하나님의 영광이 거기에 충만하다고 하였다. 하나님이 이제 당신의 거처(성막에 해당하는 히브리어)에 드시는 것을 암시한다. 거룩하고 마음에 들어 임하신 것이다. 그 영광의 광채가 성막을 가득 채우고 모세만이 아니라 모든 사람들은 성막에 들어가지 못하는 것이다. 얼마나 삼엄한 장면인가? 이처럼 구름 속에 등장하는 야훼의 "영광"이 만남의 장소에 현현함으로(34, 35장) 새로 건립된 성소가 합법적이며 하나님의 마음에 꼭 들었다는 표징이다. 이는 성막의 모든 공사가 제대로 완성되었음을 의미한다. 그리고 구름이 성막 위에 떠오르고 걷히는 것에 따라 이스라엘 백성이 행진 여부가 결정되었다. 이처럼 구름 기둥과 불기둥의 모습으로 하나님은 이스라엘 백성을 계시의 산인 시내 산까지 인도하신다.

하나님의 성소는 그분의 거하심과 관련을 갖게 된다. 하나님을 위한 일의 완결에서 기쁨과 축복이 뒤따르는 기대를 갖게 한다. 하나님과 그 백성이 만나는 회막은 가히 가장 신성한 곳으로 만 백성이 복을 받는 성스러운 곳이다. 이스라엘 백성들이 이 성소를 사모하며 해마다 성지 순례를 떠났던 오래된 종교적 행사는 얼마나 중한 의미가 있었는가 생각하게 한다.

야훼 하나님이 거하시는 곳에 가면 인생의 만복이 임하리라는 간절한 소망이 그들의 삶을 뜨겁게 한다.

출애굽, 그 장엄한 행진

지은이 유행열
펴낸이 정덕주
펴낸곳 한들출판사
서울시 종로구 연지동 136-46 기독교회관 710호
등록 제2-1470호 1992

펴낸날 2010년 4월 21일 초판 1쇄 발행

E-Mail handl2006@hanmail.net
홈페이지 www.ehandl.com
전화 편집부 741-4068~69
영업부 741-4070 FAX 741-4066

ISBN 978-89-8349-507-5 93230